国家职业技能等级认定培训教程

国家基本职业培训包教材资源

保育员

（高级）

编审委员会

主　任　吴礼舵　张　斌

副主任　刘文彬　葛　玮

委　员　葛恒双　赵　欢　王小兵　张灵芝　刘永澎　吕红文　张晓燕
　　　　贾成千　高　文　瞿伟洁

本书编审人员

主　编　李　静

副主编　程维祎　王　茜

编　者　杨　莹　胡晓虹　杨之婷　谢　娇　张传霞　戴红梅　段桂琴
　　　　张爱英　赵思红　程冠三　王　伟　张潇月　张璐琳　朱晓林
　　　　李艳玲

审　稿　石丽峰

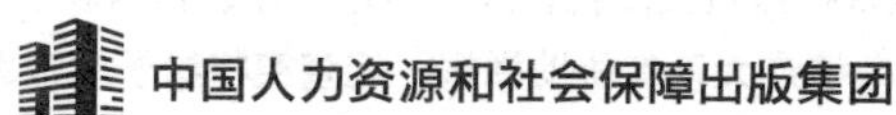

中国人力资源和社会保障出版集团

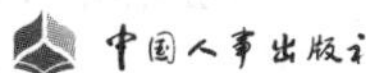

中国劳动社会保障出版社　中国人事出版社

图书在版编目（CIP）数据

保育员：高级 / 中国就业培训技术指导中心组织编写. -- 北京：中国劳动社会保障出版社：中国人事出版社，2022

国家职业技能等级认定培训教程

ISBN 978-7-5167-5276-0

Ⅰ.①保… Ⅱ.①中… Ⅲ.①幼教人员 - 职业技能 - 鉴定 - 教材 Ⅳ.①G615

中国版本图书馆 CIP 数据核字（2022）第 048985 号

中国劳动社会保障出版社
中 国 人 事 出 版 社 **出版发行**

（北京市惠新东街 1 号 邮政编码：100029）

*

北京市艺辉印刷有限公司印刷装订 新华书店经销

787 毫米 ×1092 毫米 16 开本 14.25 印张 232 千字

2022 年 6 月第 1 版 2022 年 8 月第 2 次印刷

定价：44.00 元

读者服务部电话：（010）64929211/84209101/64921644

营销中心电话：（010）64962347

出版社网址：http: //www.class.com.cn

前　言

为加快建立劳动者终身职业技能培训制度，大力实施职业技能提升行动，全面推行职业技能等级制度，推进技能人才评价制度改革，促进国家基本职业培训包制度与职业技能等级认定制度的有效衔接，进一步规范培训管理，提高培训质量，中国就业培训技术指导中心组织有关专家在《保育员国家职业技能标准（2019 年版）》（以下简称《标准》）制定工作基础上，编写了保育员国家职业技能等级认定培训教程（以下简称等级教程）。

保育员等级教程紧贴《标准》要求编写，内容上突出职业能力优先的编写原则，结构上按照职业功能模块分级别编写。该等级教程共包括《保育员（基础知识）》《保育员（初级）》《保育员（中级）》《保育员（高级）》4 本。《保育员（基础知识）》是各级别保育员均需掌握的基础知识，其他各级别教程内容分别包括各级别保育员应掌握的理论知识和操作技能。

本书是保育员等级教程中的一本，是职业技能等级认定推荐教程，也是职业技能等级认定题库开发的重要依据，已纳入国家基本职业培训包教材资源，适用于职业技能等级认定培训和中短期职业技能培训。

本书在编写过程中得到河南春苗职业培训学校、上海青浦世界外国语幼儿园、壹托幼平台等单位的大力支持与协助，在此一并表示衷心感谢。

中国就业培训技术指导中心

前 言

目　录 CONTENTS

职业模块 一

卫生管理与教育

培训项目 1 卫生管理

培训单元 1　卫生清洁制度建设

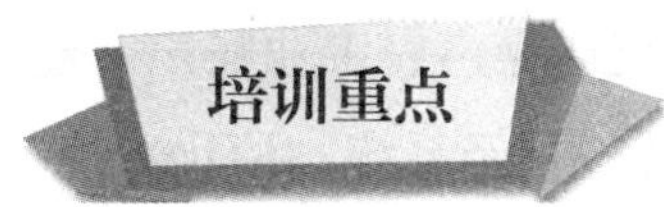

- 了解环境中危害婴幼儿身体健康的因素。
- 能根据托幼机构卫生清洁制度的要求和本园实际情况参与卫生清洁制度建设。
- 能对现有的卫生清洁制度提出合理化建议。

一、环境中危害婴幼儿身体健康的因素

环境中危害婴幼儿身体健康的因素有很多，例如，大气污染、水源污染、光污染、土壤污染和噪声污染等，对于生活在托幼机构中的婴幼儿来说，最主要的污染是空气污染和水源污染。

1. 空气污染

空气污染的主要物质有：悬浮颗粒物（如烟尘、烟雾、PM10、PM2.5）、二氧化硫、碳氧化物（二氧化碳和一氧化碳）、氮氧化物（主要是一氧化氮和二氧化氮）、碳氢化合物、氯气、硫化氢、臭氧等。空气污染的主要来源有燃料燃烧、汽车尾气排放、工业生产过程排放。空气污染能够增加诸多疾病的患病率，尤其是呼吸系统患病率，可使婴幼儿咳嗽、哮喘等呼吸道疾病的发生有所增加。

2. 水源污染

水源污染是指人类在生产、生活活动中产生的垃圾排放和突发性事件对江河源头及其下游、水库、地下水等水源地所造成的污染。

婴幼儿在托幼机构停留的时间长，饮水和饮食质量将直接影响其身体健康。保育员应密切关注托幼机构饮水设施的卫生条件和水源的清洁状况，密切观察水源是否混浊、有无颜色、有无异味及肉眼可见物等。一旦发现上述问题，应当及时向园内有关领导反映，以尽快采取应对措施，避免因饮水和饮食的不卫生而损害婴幼儿的身体健康。

3. 其他污染

（1）噪声污染

凡是干扰人们学习、休息和工作的声音都称为噪声，当噪声对人及周围环境造成不良影响时，就称为噪声污染。常见的噪声污染有交通噪声、工业噪声、建筑噪声、社会噪声等，噪声污染可以对婴幼儿的听觉系统、神经系统、消化系统、免疫系统等造成影响。

（2）光污染

光污染是继废气、废水、废渣和噪声等污染之后的一种新的环境污染，是指那些超出人们所能承受的光源、荧光屏反射，给人的视觉系统、神经系统以及心理上带来损害。光污染主要包括白亮污染、人工白昼污染和彩光污染。

白亮污染是指当太阳光照射强烈时，城市里建筑物的玻璃幕墙、釉面砖墙、磨光大理石和各种涂料等装饰反射光明晃白亮、令人炫目。人工白昼污染是指夜幕降临后，广告灯、霓虹灯闪烁夺目，令人眼花缭乱，使夜晚如同白天一样。彩色污染是指舞台背景中安装的黑光灯、旋转灯、荧光灯以及闪烁的彩色光源发出的彩光所形成的光污染。据测定，黑光灯所产生的紫外线强度大大超过太阳光中的紫外线，且对人体产生的有害影响持续时间较长。

光污染的危害主要是伤害眼睛，扰乱生物钟，导致恶心呕吐、失眠等各种疾病的发生。

二、制定托幼机构卫生清洁制度的依据和原则

科学、合理的卫生清洁制度是确保托幼机构环境清洁的前提条件，也是保育员进行日常清洁卫生工作的主要依据。这就需要托幼机构的保健部门在制定卫生

清洁制度时充分考虑法律法规、婴幼儿身心特点和本机构实际情况等多方面因素，遵循一定的原则，确保本机构所制定的卫生清洁制度具有比较强的可操作性。

1. 托幼机构制定卫生清洁制度的依据

（1）相关法律法规

《幼儿园工作规程》《托儿所幼儿园卫生保健管理办法》《托儿所幼儿园卫生保健工作规范》《中华人民共和国传染病防治法》《餐饮业和集体用餐配送单位卫生规范》等法律法规是制定托幼机构清洁卫生制度的理论依据。

（2）婴幼儿身心发展的需要

促进婴幼儿身心的健康成长是制定托幼教育机构卫生清洁制度的主要目的。

（3）托幼机构的实际情况

制定卫生清洁制度不仅要有法律法规作为理论参考，确保婴幼儿身心发展的需要，更要密切结合托幼机构的实际情况，使卫生清洁制度得到有效落实。

2. 托幼机构制定卫生清洁制度的原则

（1）针对性

根据不同区域的功能特点和卫生要求，制定相对应的卫生清洁制度。在制定制度时，首先要考虑制度是否可以被有效地执行。

（2）可评价性

制定的卫生清洁制度要考虑托幼机构中各个活动室、各个环节和各位工作人员全面具体的情况，并且要有相应的评价细目表，确保有效监督。

（3）时效性

制定的卫生清洁制度要考虑到不同年龄段婴幼儿的要求、不同季节的要求和不同天气的要求等诸多方面的因素，使制度的执行既有原则性又有时效性。

（4）适用性

制定的卫生制度应该考虑托幼机构的实际需求，能最大限度地保障清洁卫生工作的示范作用。

【案例 1–1】

家园齐努力，共创卫生幼儿园

幼儿入园后，由于家庭对幼儿卫生的要求与幼儿园不一致，使幼儿在幼儿园所培养的卫生习惯很难得到保持，家长对幼儿园提出的各种需要家庭配合的严格卫生措施不能完全认同和接受。

针对这种情况，幼儿园采取了一系列的有效措施：一是召开专门的专题家长会，请有关卫生防疫部门的专业人员为家长进行专题讲座，让家长了解卫生防疫工作在幼儿阶段的重要性，从根本上改变家长的固有思想。二是通过“家园直通车”“保健之窗”等家园共育栏目向家长介绍卫生防病方面的小知识和具体操作要求，如洗手的步骤、周末外出活动的建议等，帮助家长掌握科学规范的家庭卫生清洁工作要求。三是把幼儿的卫生清洁工作作为评价、鼓励幼儿的一项积极措施，将每周末幼儿需要在家完成的洗澡、剪指甲、刷鞋子、晒被褥等卫生清洁工作作为作业布置给幼儿和家长，每周一根据对幼儿的晨检情况进行奖励；还要根据幼儿一周以来的卫生保持情况评选“清洁小卫士”，从多方面督促家长帮助幼儿养成良好的卫生习惯。

只用了不到一个学期的时间，95% 以上的幼儿不管是在家还是在幼儿园都养成了良好的卫生习惯。由于幼儿园严格实施卫生清洁和家园共育制度，即使在传染病高发的春、夏季，幼儿园也没有发生手足口病暴发和闭园的情况，家长也从开始的不适应、不配合逐渐转变为认同，开始严格按照幼儿园要求执行幼儿各项卫生方面的工作要求。

案例点评：

该幼儿园面对不同文化背景的家庭，经过多方努力实现了很多幼儿园不能完成的工作目标。这充分说明该幼儿园的管理工作到位，不仅注重幼儿园内部卫生清洁制度的制定与落实，还注意通过多项措施培训家长、激励幼儿，做到了幼儿园与家庭的密切配合，在家园共育中确保了幼儿园卫生防疫工作的质量，有效地促进了幼儿的健康成长。

此案例告诉我们，卫生清洁工作是幼儿园工作的重要组成部分，其质量直接影响幼儿的健康成长。作为托幼机构中的保育员，在严格执行幼儿园卫生清洁制度的同时，一定要多角度、多渠道地做好家长工作，与家长携手形成有效的家园合力，确保幼儿在园、在家的身心健康。

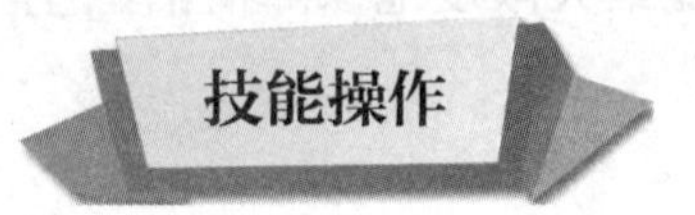

参与修订托幼机构的卫生清洁制度

一、修订准备

1. 了解《托儿所幼儿园卫生保健管理办法》《托儿所幼儿园卫生保健工作规

范》等有关托幼机构卫生保健工作的法规。

2. 了解托幼机构卫生清洁工作的基本流程和要求。

3. 深入实际发现、整理本机构卫生清洁制度存在的问题。

二、修订要求

1. 严格落实托幼机构卫生清洁法规的要求。

2. 体现可行性、可操作性和灵活性。

3. 促进托幼机构卫生清洁工作的进一步提高，确保幼儿身心健康的发展。

三、修订程序

1. 研读现有卫生与消毒制度，修订前的制度如下。

某幼儿园春、夏季卫生消毒制度（修订前）

一、环境卫生

1. 空气消毒。活动室消毒时间为 12: 00—13: 00，寝室消毒时间为 10: 00—11: 00。消毒后打开窗户进行通风（消毒有效区为灯管周围 1.5 ~ 2 m）。

2. 保持通风。教师到岗后，先打开所有窗户进行通风；室温与外界温度接近时，保持全天通风。

活动室通风时间：07: 40—12: 00，13: 00—16: 20。

寝室通风时间：07: 40—10: 00，11: 00—11: 40，14: 30—16: 30。中午午睡时也应根据情况进行通风。

3. 高温消毒。做到餐具每餐消毒，消毒时间为 10: 00—10: 30、14: 00—14: 30。水杯每日清洗消毒时间为 12: 00—12: 30（清洗时要用盆或盒子，不能直接放入水池）。

4. 84 消毒液消毒。床栏、桌椅、门把手、厕所、水池每日用 1∶200 的 84 消毒液擦洗一次，再用清水抹布擦洗一次，每周五彻底擦洗和消毒。桌椅、门把手、厕所、水池消毒时间为 12: 00—12: 30，床栏消毒时间为 14: 30—15: 00。餐桌每次餐前饭后先用清水擦洗一遍，再用消毒液擦洗一遍，最后用清水擦洗一遍。

5. 消毒抹布和清水抹布要分开使用，抹布采用煮沸消毒 15 ~ 20 min 或蒸汽消毒 10 ~ 20 min。煮沸消毒时，抹布应全部浸没在水中；蒸汽消毒时，抹布应抖松放置。使用次氯酸钠类消毒剂进行化学消毒时，应采用浓度为有效氯

400 mg/L 的消毒液、浸泡消毒 20 min，将抹布全部浸没在消毒液中，消毒后可直接控干或晾干存放，或用生活饮用水将残留消毒剂冲净后控干或晾干存放。

6. 玩具、图书消毒。每两周至少通风晾晒一次，适用于不能湿式擦拭、清洗的物品。

暴晒时不得相互叠夹。暴晒时间不低于 6 h。使用次氯酸钠类消毒剂消毒，采用浓度为有效氯 100～250 mg/L 的消毒液表面擦拭、浸泡消毒 10～30 min。塑料玩具每周五用消毒液浸泡一次（30 min）并晒干。

7. 床上用品消毒。床单、被套、枕套每月清洗、消毒一次；被子、褥子、枕头每月暴晒一次。传染病季节每周暴晒一次，时间是 4～6 h；雨季用紫外线灯照射 30 min。

8. 每周五进行彻底的卫生扫除工作，每月底进行全园大扫除，不留死角，全面保障幼儿园的卫生。

9. 垃圾每天及时处理，不过夜。紫外线灯表面每周五用酒精棉纱擦拭一次。

二、幼儿个人卫生

1. 幼儿日常用品专人专用，幼儿服装仪表保持整洁，要求每周剪一次指甲，每日进行检查。

2. 幼儿每日早晨入园由校医晨检后入班，先打肥皂或用洗手液洗手再进班；饭前、便后用肥皂和流动水洗手，饭后漱口。

三、工作人员个人卫生

1. 工作人员保持仪表整洁大方，工作时间不染指甲，不留长指甲；带班时间不留披肩发。

2. 工作人员到岗和晨检先打肥皂并用流动水洗手，然后再做其他工作。为幼儿分饭时，用肥皂和流动水洗手。

2. 根据《托儿所幼儿园卫生保健管理办法》《托儿所幼儿园卫生保健工作规范》等有关托幼机构卫生保健工作的法规及现行卫生健康部门的指导性意见，分析如下。

（1）优点

1）清洁卫生制度分别从环境卫生、幼儿个人卫生和工作人员个人卫生三个方面进行规定，涉及幼儿园卫生清洁工作的各个方面。

2）针对春、夏季易发生传染病的季节特征，本清洁消毒制度能做到清洁与消毒工作密切结合，两者的要求明确具体。

3）有关环境卫生方面的要求具体、细致，涉及空气消毒、开窗通风、高温消毒、消毒液消毒等清洁清毒手段，以及玩具图书消毒、床上用品消毒等幼儿园中各种设施设备的清洁消毒，清洁消毒时间安排紧凑合理，可操作性较强。

4）重视空气流通，确保了各活动室内的空气清新，有利于婴幼儿身心的健康成长。

（2）不足

1）关于环境卫生的九项内容分类混乱，有的是消毒方式，有的是被消毒的物品，有的则是消毒注意事项。

2）紫外线消毒和 84 消毒液消毒过于频繁，可适当减少使用次数，以避免紫外线和残留消毒剂对婴幼儿身体造成损害。以上关于消毒方面的要求适合传染病流行时期，如果没有传染病流行，则不需要如此频繁地进行消毒。

3）文字表达和叙述方式过于啰嗦，不便于阅读和记忆。

3. 通过以上分析，认为需要对内容进行统一分类，调整表达方式并改用表格形式（见表 1–1），使其清晰、简洁、一目了然。修订后的卫生消毒制度如下。

表 1–1　某幼儿园春、夏季卫生消毒制度
（环境和物品预防性消毒方法）（修订后）

消毒对象	消毒方式		消毒频次	消毒时间	消毒要求	责任人
	物理消毒	化学消毒				
室内空气（活动室、睡眠室、洗漱间）	紫外线灯照射	—	1 次 / 天	19：00—20：00	禁止紫外线灯照射人体表面	专职人员
	开窗通风	—	2～3 次 / 天	活动室： 07：40—12：00 13：00—17：00 睡眠室： 07：40—10：00 14：00—17：00	1. 根据天气情况及室温适当调整 2. 在外界温度适宜、空气质量较好条件下，采取持续开窗通风的方式	早晨：早班教师 其他：保育员
桌子	—	使用次氯酸钠类消毒剂消毒（84 消毒液、消毒粉、含氯泡腾片）	3 次 / 天	三餐前	使用浓度为有效氯 250～500 mg/L 的消毒液浸泡过的毛巾擦拭，再用净水、干净毛巾擦拭 1 次，清洗残留消毒液	1. 早餐：教师 2. 午餐、晚餐：保育员
椅子	—		1 次 / 周	周五 15：00—16：00		保育员
门把手 水龙头 饮水机	—		1 次 / 天	15：00—16：00		
床栏	—		1 次 / 周	周五 15：00—16：00	使用浓度为有效氯 250～500 mg/L 的消毒液浸泡过的毛巾擦拭，再用净水、干净毛巾擦拭 1 次，清洗残留消毒液	保育员

续表

消毒对象	消毒方式		消毒频次	消毒时间	消毒要求	责任人
	物理消毒	化学消毒				
卫生间	—	使用次氯酸钠类消毒剂消毒（84消毒液、消毒粉、含氯泡腾片）	2次／天	每天午睡前及下午幼儿离园后	1. 使用有效氯浓度500 mg/L的消毒液喷洒便池，作用30 min后用清水冲洗干净 2. 如有呕吐物每次用后及时冲洗、消毒	保育员
清洁用品（扫帚、簸箕、垃圾桶、拖把等）	—				1. 使用有效氯浓度500 mg/L的消毒液及盛装吐泻物的容器，作用30 min后用清水冲洗干净 2. 清理呕吐物后的清洁用品，每次使用后及时冲洗干净再消毒冲洗	保育员 晚班教师
餐具 炊具 水杯	煮沸消毒15 min 蒸汽车消毒10～20 min 消毒柜消毒	—	3次／天	餐炊具： 三餐后消毒 （早餐消毒时间：9：30—9：50，午餐消毒时间12：00—12：20，晚餐消毒时间：17：00—17：20） 水杯：晚餐后	1. 餐炊具：每次进餐结束后，先用洗洁精刷洗一遍餐具，再用清水冲洗干净并消毒 2. 水杯：用洗洁精清洗干净后同晚餐餐具一起消毒 3. 如果没有清洗餐具、水杯的专用洗刷池，清洗时不能直接放入水池，要用盆或桶 4. 使用符合国家标准规定的产品 5. 保洁柜无消毒作用。不得用保洁柜代替消毒柜进行消毒	保育员

续表

消毒对象	消毒方式		消毒频次	消毒时间	消毒要求	责任人
	物理消毒	化学消毒				
毛巾	用洗涤剂清洗干净后，置阳光直接照射下暴晒	—	2 次 / 周	每周三、周五上午	1. 清洗干净后置阳光下暴晒 2. 暴晒时不得相互叠夹，暴晒时间不低于 6 h 3. 煮沸消毒时，毛巾应全部浸没在水中；蒸汽消毒时，毛巾应疏松放置	保育员
	煮沸消毒 15 min 或蒸汽消毒 10 min	—				
	—	使用次氯酸钠类消毒剂消毒			1. 使用浓度为有效氯 250 ~ 400 mg/L 的消毒液、浸泡消毒 20 min，净水清洗 2. 消毒时将毛巾全部浸没在消毒液中，消毒后用生活饮用水将残留消毒剂冲净	
图书	置阳光直接照射下暴晒	—	1 次 /2 周	—	适用于不能湿式擦拭、清洗的物品。暴晒时不得相互叠夹，暴晒时间不低于 6 h	保育员
玩具	—	使用次氯酸钠类消毒剂消毒	1 次 / 周	周四下午幼儿起床后	1. 使用浓度为有效氯 100 ~ 250 mg/L 的消毒液表面擦拭、浸泡消毒 10 ~ 30 min，再用净水清洗，晾晒 2. 毛绒、织物类玩具参照毛巾的消毒方法	保育员
地垫	—	使用次氯酸钠类消毒剂消毒	1 次 / 周	周五下午幼儿起床后	使用浓度为有效氯 100 ~ 250 mg/L 的消毒液表面擦拭、浸泡消毒 10 ~ 30 min，再用净水清洗，晾晒	保育员
储物橱（毛巾橱、杯橱、衣橱）	—	使用次氯酸钠类消毒剂消毒	1 次 / 天	下午幼儿离园后	使用浓度为有效氯 100 ~ 250 mg/L 的消毒液表面擦拭、作用 10 ~ 30 min，再用净水清洗消毒液残留	晚班教师
地面	—	使用次氯酸钠类消毒剂消毒	3 次 / 天	三餐后	使用浓度为有效氯 250 ~ 500 mg/L 的消毒液表面擦拭后，再用净水清洗消毒液残留	班级教师 保育员

续表

消毒对象	消毒方式		消毒频次	消毒时间	消毒要求	责任人
	物理消毒	化学消毒				
紫外线灯	—	使用乙醇溶液消毒	1 次 / 周	每周五	使用 75% ~ 80% 乙醇溶液擦拭紫外线灯表面	保育员
幼儿个人卫生	1. 日常用品专人专用，服装仪表保持整洁，要求每周剪一次指甲，每日进行检查。 2. 每日早晨入园后先打肥皂或用洗手液洗手再进班；饭前、便后用肥皂和流动水洗手，饭后漱口。 3. 春季每周至少洗澡一次，每天睡觉前洗脚；夏季每天洗澡一次。					
工作人员个人卫生	1. 保持仪表整洁大方，工作时间不染指甲，不留长指甲；带班时间不留披肩发。 2. 到岗和晨检后先打肥皂并用流动水洗手，然后再做其他工作。饭前为幼儿分饭时，用肥皂及流动水洗手。					

注：1. 使用的洗涤剂、消毒剂应分别符合《食品安全国家标准 洗涤剂》（GB 14930.1—2015）和《食品安全国家标准 消毒剂》（GB 14930.2—2012）等食品安全国家标准和有关规定。

2. 餐饮具清洗用水应符合《生活饮用水卫生标准》等国家相关规定。

3. 消毒后的餐饮具存放在专用的密闭保洁设施内。

4. 有效氯浓度 500 mg/L 的消毒液配制方法

（1）84 消毒液：84 消毒液（有效氯含量 5%）:水 =1 : 100。

（2）消毒粉（有效氯含量 12% ~ 13%，20 g/ 包）：1 包消毒粉加 4.8 L 水。

（3）含氯泡腾片（有效氯含量每片 480 ~ 580 mg）：1 片溶于 1 L 水。

（4）75% 乙醇：直接使用。

（5）其他消毒剂。按产品标签标识以杀灭肠道致病菌的浓度进行配制和使用。

5. 注意事项

（1）含氯消毒剂对皮肤黏膜有刺激性，配制和使用时建议佩戴口罩和手套，婴幼儿切勿触碰。

（2）使用乙醇消毒时应远离火源。

（3）含氯消毒剂不要和酸性清洁剂共同使用，如洁厕灵、醋等。洁厕灵中的主要成分是盐酸，如遇上 84 消毒液会产生氯气，氯气是有强烈刺激性气味的毒性气体，如果吸入过多会损伤呼吸道。

培训单元 2　环境中的危险危害因素排除

- 了解环境中的危险危害因素。
- 树立安全重在预防的意识。
- 能及时排除婴幼儿各项活动环境中的健康隐患。

一、环境中的危险危害因素

托幼机构环境中的危险危害因素主要是指活动室、睡眠室、盥洗室、室外活动场地中的危险危害因素，具体因素及其危险危害见技能操作部分。

二、健康隐患排除

1. 重在预防，制度先行

生命至上，安全第一。托幼机构的使命首先是确保婴幼儿在园的生命健康安全，为此，必须严格执行国家、地方的法律法规，制定严格有效的管理制度、操作规程、应急演练预案，做到有法可依、有法必依、执法必严。

2. 牢固树立健康安全意识

安全无小事。首先，要通过各种形式多样的安全教育活动，深入、精准、常态化地开展安全教育，将管理制度、技术规程、重在预防的意识根植于心。其次，通过岗前安全必知必会、应知应会知识的培训，强化保育员的健康安全意识。

3. 严格执行规章制度，强化技能

（1）深入婴幼儿活动各区域现场，勤查隐患，严格评估，从管理上预防健康安全事故的发生。

（2）日常工作各环节严格按照操作规程执行，做到规范、有序、科学、安全。

（3）通过“传、帮、带”手把手地带教和技术比武、阶段评比、定期和不定期检查等，提高、规范保育员的业务技能。

（4）不定期地进行应急演练活动，使保育员熟悉、掌握各种事故的预兆、处理及规避方法，提高保育员的应急处置能力。

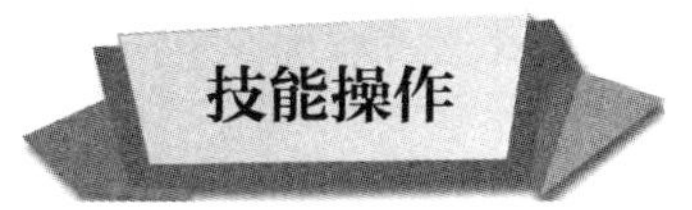

技能1　活动室（睡眠室）危险危害因素排查

一、操作准备

1. 记录表、排查隐患流程表。

2. 排查工具。

二、操作要求

针对活动室（睡眠室）的所有角落和相关安全点逐一进行检查，并做好记录，发现隐患，应马上采取措施并及时上报。

三、操作程序（见表1–2）

表1–2　活动室（睡眠室）危险危害因素排查

序号	项目	排查内容	检查周期	整改措施
1	地面	是否有破损，是否整洁、无污渍、不潮湿，防止婴幼儿滑倒	每天	及时发现及时处理
2	室内物品	（1）物品是否整齐、归纳到位，尤其是有棱角和尖锐的物品 （2）是否将幼儿可触碰到的危险物品收纳到位，如剪刀、药品等是否归纳放置在安全的地方 （3）消毒剂、洗涤剂等化学物品是否存放在幼儿触碰不到的地方 （4）班级药箱是否存在过期的消毒水、创可贴、药膏等	每天	1. 物品要固定位置存放 2. 养成物归原处的好习惯 3. 养成定时清理、排查隐患的习惯，有问题及时解决

续表

序号	项目	排查内容	检查周期	整改措施
3	室内设施设备	（1）加强电器安全排查，电源开关、插座、电器等设备是否安全并可正常使用 （2）加强家具、玩具安全排查，确保房屋、家具无危险因素存在，除了安全牢固外，还应无毒、无放射源、不掉色、不开裂、不脱钩、无钩刺、不带钉，高度、尺寸适宜儿童 （3）各种橱柜、墙角及边沿是否有防护措施，以免婴幼儿摔倒撞伤	每天	1. 每天下班时关闭电源，使用时进行检查 2. 清理卫生时检查家具及玩具，发现问题及时上报检修
4	墙面	是否有灰尘、污渍、涂抹污染、蜘蛛网等	每周	发现问题及时上报、及时处理
5	垃圾桶	（1）是否及时清理 （2）桶身是否干净、无破损等	每天	每天下午起床和下班时清理

技能 2　盥洗室危险危害因素排查

一、操作准备

1. 记录表（见表 1–3）、排查隐患流程表。

2. 排查工具。

表 1–3　盥洗室危险危害因素排查记录表

内容 时间	地面	洗手台	毛巾、擦手巾	便池、坐便器	下水道排水口	通风口	墙面防水	开关、插座	垃圾桶	检查人
安全隐患情况										
整改意见										
领导签字		专项负责人				园长				

二、操作要求

盥洗室是婴幼儿使用频次最高的区域，及时排查隐患是规避风险和事故发生的常规工作。要按照盥洗室常规要求的标准逐个排查，重点检查地面、洗手台、毛巾和擦手巾、便池和坐便器、下水道、通风口、墙面防水及卫生消毒物品的存放等。

三、操作程序（见表 1–4）

表 1–4 盥洗室危险危害因素排查

序号	项目	排查内容	检查周期	整改措施
1	地面	是否有破损，是否整洁、无垃圾、无水渍、不潮湿，防止婴幼儿滑倒	每天	每天检查，及时发现及时处理
2	洗手台	（1）洗手液或肥皂是否摆放整齐，收纳到位 （2）婴幼儿可触碰到的危险物品是否收纳到位，是否有消毒剂、洗涤剂等化学物品等在台面上	每天	养成定时清理、排查隐患的习惯，有问题及早解决
3	毛巾、擦手巾	（1）是否每日更换 （2）是否一人一巾，按名字对应摆放（挂放）到位	每天	每天早上检查，若没有要及时悬挂备用毛巾
4	便池、坐便器	（1）是否有晃动或不安全因素 （2）消毒和清洁是否到位	每天	每天下午消毒时检查，如有问题及时检修
5	下水道排水口	（1）是否通畅，是否有积水及污渍积累 （2）下水道是否有渗水，管道是否有裂痕或老化	每天	每天使用时进行检查
6	通风口	（1）是否可以正常使用 （2）是否整洁、有无破损	每天	每天使用时进行检查
7	墙面防水	（1）是否有洇湿、墙皮破损 （2）是否有返水、异味	每天	每天检查一次，有问题及时上报处理
8	开关、插座	（1）开关是否及时关闭 （2）插座是否能正常使用，是否定期检查、专人负责	每天	每天检查一次，有问题及时上报处理
9	垃圾桶	（1）污物是否及时清理 （2）桶身是否干净、无破损等	每天	每天下午起床和下班时清理

技能 3　室外活动场地中危险危害因素排查

一、操作准备

1. 记录表（见表 1–5）、排查隐患流程表。

2. 排查工具。

表 1–5　室外活动场地危险危害因素排查记录表

时间＼内容	地面	体育器械	沙水区	建构区	大型滑梯	涂鸦设施	检查人
安全隐患情况							
整改意见							
领导签字		专项负责人			园长		

二、操作要求

全面排查安全隐患，确保婴幼儿室外活动安全且万无一失。

三、操作程序（见表 1–6）

1. 场地的检查：地面是否湿滑，是否有玻璃残渣或石子等，是否按室外活动要求清理场地等。

2. 活动器械的检查：器械是否破损，是否有尖角，户外玩具是否存在螺钉松动或裂痕，集体活动器械的摆放是否整齐。

表 1–6　室外活动场地危险危害因素排查

序号	项目	排查内容	检查周期	整改措施
1	地面	（1）是否平整，有无安全隐患 （2）有无安全注意事项提醒牌	每天	每天检查，及时发现问题及时处理

续表

序号	项目	排查内容	检查周期	整改措施
2	体育器械	（1）是否有老化、损坏、断裂等情况 （2）有无安全注意事项提醒牌	活动前	每次使用前检查，及时发现问题及时处理
3	沙水区	是否存在尖锐物品	活动前	每次使用前检查，及时发现问题及时处理
4	建构区	是否有损坏、断裂等安全隐患	活动前	每次使用前检查，及时发现问题及时处理
5	大型滑梯	是否存在老化、损坏、断裂等情况	活动前	每次使用前检查，及时发现问题及时处理
6	涂鸦设施	是否存在安全隐患	每天	每天检查，及时发现问题及时处理

四、注意事项

1. 保健医生的电话要放在固定位置，指示牌应挂在显要位置。
2. 室外活动前，要备置简单的医药箱。

培训单元 3　婴幼儿卫生习惯培养

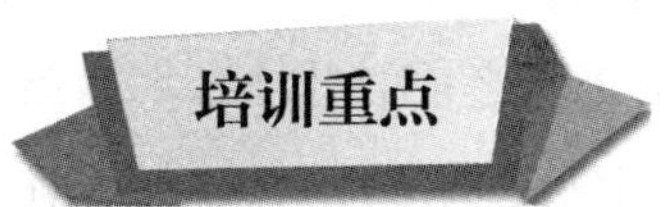

➔ 了解婴幼儿卫生习惯培养的重要性。
➔ 熟悉应该养成的婴幼儿卫生习惯。
➔ 掌握培养婴幼儿卫生习惯的策略。

培养良好的卫生习惯，有利于婴幼儿身心健康发展，是婴幼儿健康教育的目标之一，也是预防传染病发生和流行的重要措施之一。

一、婴幼儿应该养成的卫生习惯

生活是人生的第一课，也是最基本的课程。陈鹤琴先生十分重视婴幼儿习惯的培养，他认为："习惯养得好，终生受其福，习惯养得不好，终身受其罪。"培养婴幼儿良好的生活卫生习惯和生活自理能力，能为其一生奠定基础。

1. 个人清洁习惯

（1）每天早晚洗脸，手弄脏后随时清洗，勤剪指甲，以保持手、脸部的清洁。

（2）勤洗澡、勤洗头。洗澡的次数可根据天气而定。

（3）未出牙的婴儿不必洗刷口腔，可多喂温开水来清洁口腔。2 岁婴儿应早晚漱口，3 岁后养成早晚刷牙的习惯。

（4）不用手擦眼、挖耳，要使用清洁的手帕擦鼻涕，咳嗽和打喷嚏时用手帕、纸巾遮掩口鼻。

（5）饭前便后洗手。

（6）不随地大小便，每晚睡前清洗臀部和脚。

（7）经常换洗衣服，保持服装整洁，被褥要勤换勤洗。

2. 保护牙齿的卫生习惯

（1）良好的刷牙习惯。每天早晨、晚上都要刷牙，每次刷牙的时间超过 3 min，牙齿的每个角落都要刷到。在三餐或者晚上喝奶后一定要及时漱口，这样不仅可以保持良好的口腔卫生，还可以预防蛀牙的发生。

（2）避免进食过多甜食。婴幼儿都比较喜欢吃甜食，但是长期食用过多的甜食，很容易引起蛀牙，因此要尽量少吃或者不吃高热量的甜食。

（3）补充维生素 D 和钙剂。在婴幼儿时期，乳牙在 2 岁之前长出，6 岁后就开始长出恒牙，所以在婴幼儿期为了促进牙齿能够正常生长、萌出，必要时要补充维生素 D 和钙剂。

（4）多喝水。婴幼儿在平时应该多喝水，这不仅可以供给人体所需要的水分，还可以清洁口腔。尤其是饭后多喝点水，可以保持牙齿的卫生。

（5）不用牙齿啃咬核桃、瓶盖等过硬的物品，避免牙齿受伤。

（6）定期进行口腔检查。定期去医院进行口腔检查，对于学龄前儿童来说是比较重要的。这个时期的儿童正处于乳牙恒牙交替期，口腔的变化情况比较快，如果定期进行口腔检查，可以了解乳牙脱落的情况以及牙列发育，有助于保护牙齿。

3. 保护五官的卫生习惯

（1）眼的保健

近年来，对于学龄儿童的视力保护，家长和老师都普遍重视，但对婴幼儿的视力保健却往往被人遗忘，致使患眼病的婴幼儿失去治疗时机，进而形成顽疾。为此，要注意婴幼儿不能长时间盯着某一物观看，尤其是 2 周岁以内的婴幼儿不能看电视。发现婴幼儿眼睛有异常症状时，应及时去医院，切忌滥用眼药水。婴幼儿应有专用的毛巾和脸盆，用流水洗脸更好，以防感染眼病。发现婴幼儿有故意“对眼”的行为要立即阻止。婴幼儿不要接触有尖角的玩具，以免眼部受伤。

（2）耳的保健

气候变化的季节必须预防感冒，慎用耳毒性抗生素，以免引起药物中毒性耳聋。孩子睡觉侧卧时，不要使其耳郭扭卷受压。洗澡时注意不要让水流入耳道内，以免引起炎症。最好不要给婴幼儿挖耳垢，少量耳垢可保护耳膜，如果发现耳垢过多，应去医院取出。

（3）鼻的保健

厌食或偏食的婴幼儿应及时治疗，多给其进食蔬菜或水果，以防止鼻出血。婴幼儿不能玩可以塞入鼻孔的东西，避免物品意外损伤鼻脸或嵌入鼻内。不能用手指挖鼻孔，以防感染。婴幼儿学走步、学跑时易跌伤鼻子，要及时进行治疗。

（4）喉的保健

多吸新鲜空气，防止发烧，预防咽炎、扁桃腺炎。婴幼儿的声带等发音器官比较娇嫩，保护不好极易发病。为此，婴幼儿吵闹时要及时制止，不能引诱婴幼儿大喊大叫，更要教育其不能任性哭闹，以免声带充血肿胀、发炎，甚至声带肥厚或发生声带小结样病变。女孩尤其应注意保护好声带。

（5）口腔的保健

注意防止婴幼儿因摔倒伤及口唇或牙齿。婴幼儿经常啮咬物品、睡觉时张口呼吸，都易引起上唇翘起、下颌骨下垂、牙齿排列不齐、啮合不正等特殊面容，出现这种情况应及时去医院治疗。幼儿牙齿长齐时，就应养成良好的刷牙习惯，以预防蛀牙。

温馨提醒：婴幼儿的五官之所以需要进行保健，除可能会影响其以后的相貌外，还可以预防很多疾病，有利于保护婴幼儿身体各部位的健康。

二、培养婴幼儿卫生习惯的策略

1. 榜样示范

榜样示范法是指以榜样人物的高尚思想、模范行为、卓越成就等影响受教育者的思想、感情和行为的一种方法。榜样可使道德准则及行为规范具体化、形象化、人格化，因而具有极大的感染力、吸引力、鼓动力，是一种非常有效的教育方式。

2. 生活体验

生活体验法是指由身体性活动与直接经验而产生的感情和意识，使学习过程从认知、理性的范畴扩展到情感、人格和生理等领域的增长过程，是一种主体和对象之间的关系，是通过参与、经历、操作、探究、感悟等主体体验性活动获得经验、知识的一种教学方法。

3. 行为强化

行为强化法是根据斯金纳的操作条件反射原理设计出来的，目的在于通过强化（即奖励）而造成某种期望出现的良好行为，从而达到治疗效果的一项治疗技术。一般采用逐步进级的作业，并在完成作业时按情况给予奖励（即强化），以促使增加出现期望获得的良好行为的次数。行为记录表是强化因子（即奖励方法）最有效的方式之一，托幼机构中的小红花榜就是这种方式的呈现形式。这种方法对行为改善是一种强大的推动力。

4. 活动熏陶

活动熏陶也称氛围熏陶、环境熏陶，是指在特定的环境中通过人、事、物综合因素潜移默化地促进婴幼儿行为改变、培养良好习惯的一种教育方式。

5. 家园协作

幼儿园、家庭、社区是对婴幼儿发展影响最大、最直接的微观环境，作为婴幼儿最早接触的社会文化环境，其教育必须在特定的环境中，从所经历的活动、承担的角色及建立的人际关系出发，协调相关社会群体的力量，共同促进婴幼儿的发展。家园协作是贯彻落实《幼儿园教育指导纲要》《3～6 岁儿童学习与发展指南》《3 岁以下婴幼儿保育指导大纲（试行）》等最重要的教育方式。

三、体验式教学

体验式教学是指根据学生的认知特点和规律，通过创造实际的或重复经历的情境和机会，呈现或再现、还原教学内容，使学生在亲历的过程中理解并建构知识、发展能力、产生情感、生成意义的教学观和教学形式。体验式教学在国外起步比较早，能够调动学生的积极性和主动性，提高其自主学习能力。

1. 体验式教学的特征

（1）体验式教学尊重生命的独特性。

（2）体验式教学善待生命的自主性。

（3）体验式教学理解生命的生成性。

（4）体验式教学关照生命的整体性。

体验式教学中的师生关系是通过教学中的交往、对话、理解而达成的“我—你”关系，而不是单纯的“授—受”关系。

2. 体验式教学实施路径

（1）明确目标

体验式教学能否得到有效实施，首先依赖于教师和学生的共同认识，所以需要教师事先向学生明确阐明体验式教学的意义、规则、总体安排以及彼此应作出的承诺，使学生在正式开始学习前就明白自己在学习过程中需要做什么、怎么做以及为什么这样做。

（2）转变角色

在明确目标的前提下，教师和学生需要主动完成角色的转换。学生不再是传统教学模式中外部刺激的被动接受者和知识的灌输对象，而应转变为信息加工的主体、知识意义的主动建构者、学习和体验活动的主角；教师则由知识的传授者、灌输者转变为学生主动建构意义的帮助者、促进者。

（3）落实体验

在体验式教学中，教师的主要任务就是根据课程大纲中的学习要求，设计和布置不同主题和层面的体验任务，明确任务要求、进度要求等，同时明确监督检查规则和评价评分标准。学生在按学习进度接到相应的体验任务后，即由其进一步自行设计和确定选题、制订计划、落实分工、开展活动、总结反思、提交成果。

（4）提供指导

体验式教学强调“以学生为中心”，强调学习者的主动体验，但并不等于放任不管。教师在学生需要的时候，提供适当的指导和帮助，有助于提高学生参与体验的信心、提高体验式学习的效率和效果。

（5）总结反思

体验式教学并不主张为体验而体验，而是要通过体验活动来促进知识的学习和运用、能力的锻炼和提升、智慧的获得和启迪。而要达到这一目的，就必须在体验的过程中加强总结和反思，不仅要有学生自身的总结反思，也要有教师的评价反馈。

婴幼儿卫生习惯体验式培养

一、操作准备

1. 知识准备

学习体验式教学方法，制定各年龄段婴幼儿卫生习惯培养的目标。

2. 物品准备

（1）操作、展示的器具和物品。

（2）图示或多媒体视频。

二、操作要求

1. 让婴幼儿理解并能操作，指导方法和习惯培养要求适用于托幼机构的婴幼儿年龄段特点。

2. 与相关教育目标达成一致性的养成教育体验。

三、操作程序

采取多种形式（儿歌、讲故事、示范），让婴幼儿加深理解，逐渐养成良好的个人卫生习惯。

（1）情景导入进入主题。

（2）正确进行操作演示。

（3）创设情景引导婴幼儿进行体验操作。

（4）保育员观看指导。

（5）肯定、鼓励婴幼儿，让其充满自信地体验活动中的快乐。

【案例 1–2】

体验式教学教案：洗洗小手真干净

一、活动经验

学习并掌握洗手的基本方法。

二、活动准备

卡通小肥皂、童趣七步洗手法。

三、活动过程

1. 谜语导入：五个兄弟，住在一起，有骨有肉，长短不齐。组织幼儿学习挽袖子。

师：小手能帮我们干什么？小手真能干，帮助小朋友干这么多活，还喂我们吃饭，我们可得保护它，让它讲卫生哦！怎么让小手讲卫生呢？

幼：不拿脏东西，勤洗手。

师：怎样正确来洗手呢？

幼：挽袖子。

师幼：说儿歌“挽袖子”（小袖子呀爬高山，一爬爬到胳膊中间。袖子高高露手腕，洗洗小手真方便）。

2. 组织幼儿到洗手池准备洗手。

师：一边念儿歌一边开水龙头（轻轻打开水龙头，哗啦哗啦水儿流，我用线儿拴住你，节约用水记心头）。

3. 指导幼儿打开水龙头开始洗手。

师：有的小朋友开始搓泡泡了，你们发现墙上七步洗手法了吗？看有的小朋友手心搓一搓、手背搓一搓，搓得真仔细呀！

师：边说儿歌边演示七步洗手法（手心相对搓一搓，手背相靠蹭一蹭，手指中缝相交叉，指尖指尖转一转，握成拳、搓一搓，手指手指别忘掉，手腕手腕转一转）。

师：小手洗好了，先冲冲手心，再冲冲手背，最后冲冲手腕和胳膊，小毛巾来擦一擦，另一只手也要擦干哦！

师：伸出小手闻一闻、看一看，我们的小手真干净。

可以让幼儿之间相互闻一闻、看一看。

四、注意事项

1. 让每一位幼儿都参与体验，可以让个别幼儿进行示范。

2. 用积极正向的语言引导，切忌说“怎么能这样做”“怎么搞的”等消极的话语。

3. 操作要规范，语言表述要准确。

培训项目 2 消毒管理

培训单元 1 传染病终末消毒

- 了解终末消毒的重要性。
- 掌握终末消毒的常用方法。

终末消毒是指传染源（包括婴幼儿感染者及疑似感染者）离开疫源地（班级或隔离室）后的彻底消毒。在患病婴幼儿和疑似婴幼儿全部隔离（或离开）后，彻底进行一次性消毒，包括对患病和疑似婴幼儿的被褥、衣物等个人物品的彻底消毒。若患儿感染呼吸道传染病，还应对活动室、睡眠室等室内空气进行一次消毒。

终末消毒的常用方法参见国家职业技能等级认定培训教程《保育员（中级）》职业模块一培训项目 2。

技能操作

班级发生传染病后的终末消毒

一、操作准备

1. 消毒物品准备

紫外线灯或臭氧消毒灯、消毒液、清水抹布、消毒抹布、橡胶手套、口罩等。

2. 个人准备

洗净双手，穿隔离衣，佩戴口罩、帽子、手套。

3. 环境准备

开窗通风。

二、基本程序

1. 清理现场

（1）将患儿立即隔离。

（2）保育员对污染物品及区域进行清洁处理，污染物应使用专用垃圾袋密封包扎处理，并放入专用废弃物垃圾桶回收。

2. 物品消毒

（1）清洁患儿接触过物体的表面，包括桌、椅、门把手、水龙头、教具架、床、地面等。

（2）消毒患儿使用过的毛巾、床品、餐饮用具等。

3. 室内空气消毒

关闭门窗，使用紫外线灯或臭氧消毒灯进行室内空气消毒，然后通风 15 ~ 20 min。

4. 手卫生

终末消毒结束后，操作人员应严格进行手卫生。

三、操作步骤

1. 便器消毒：用清水冲洗干净后，用含有效氯为 1 000 mg/L 的消毒液喷洒在便器上，停留 30 min 后，用清水冲洗干净。

2. 抹布、拖把消毒：在 1 000 mg/L 有效氯的消毒液中浸泡 30 min。

3. 家具、扶手、门把手消毒：用消毒液擦洗表面，让消毒剂停留在物体表面 30 min 后再用清水抹布擦拭一遍。

4. 地面、墙面消毒：受病原菌污染时，用含有效氯为 1 000 mg/L 的消毒液喷雾或擦洗处理，一般处理到 2.0 ~ 2.5 m 高。喷雾量以表面湿润不向下流水为度，一般用量为 5 ~ 200 mL。

5. 桌子、椅子、凳子、水龙头等用品表面消毒：擦拭表面，受病原菌污染的物品用含有效溴或有效氯为 1 000 mg/L 的消毒液擦拭或喷雾处理；或用悬吊式 / 移动式紫外线灯照射，距离污染表面不宜超过 1m，照射时间不少于 30 min；或用高强度、低臭氧紫外线灯照射 1 h。

6. 玩具消毒：木制玩具（耐热）可在开水中煮沸 10 ~ 15 min；塑料和橡胶玩具在含有效溴或有效氯为 1 000 mg/L 的消毒液中浸泡 15 ~ 30 min；毛类玩具（不耐湿、热）在烈日下暴晒 4 ~ 6 h；电动、电子玩具用酒精棉球擦拭婴幼儿经常抚摩的部分。

7. 床品消毒：耐热的床垫、枕芯、棉胎在阳光下暴晒 4 h；不耐热的被褥、床垫在烈日下暴晒 3 h 以上，也可用消毒灯移动照射 30 min 以上；耐湿热的床单、枕巾、被套、枕套煮沸消毒 20 min，或用流通蒸汽消毒 20 min，或用有效氯为 1 000 mg/L 的消毒液浸泡 15 ~ 30 min；不耐湿热的被褥、枕头、化纤尼龙制品悬挂室内，密闭门窗，糊好缝隙，按每立方米用 15% 氧乙酸 7 mL（1 g/m^2）的配比，将消毒液放在瓷质或玻璃容器中，加热熏蒸 1 ~ 2 h。

8. 空气消毒：用紫外线灯或臭氧消毒灯照射，发生病毒性传染病时用臭氧消毒灯照射加强消毒。

四、注意事项

1. 传染病流行期间，严禁保教人员串班，关注婴幼儿体征变化，关注婴幼儿洗手方法，咳嗽、打喷嚏的方法，以减少交叉感染机会。

2. 保教人员每天在与家长沟通时，应重点询问缺勤婴幼儿的身体状况，如感冒、发烧等情况；对隔离在家观察的患儿应详细询问病情及发病情况，将患儿的病情及时上报保健医生。

3. 保教人员在接触患儿使用的物品后，应及时用肥皂洗手，进行彻底消毒后再接触其他健康婴幼儿。

4. 保育员应掌握消毒知识，正确实施消毒，并根据传染病情况、污染情况选择适宜消毒方法。

5. 保育员在实施消毒作业时，一定要做好自身防护，严格执行卫生消毒流程，操作结束后注意自身衣物的消毒。

6. 保育员在实施消毒作业时，应防止消毒剂残留。

7. 保育员在实施消毒工作时，要严禁婴幼儿进入消毒场所。

8. 婴幼儿饮食用具应严禁使用化学消毒剂进行消毒。

相关链接

某托幼机构常见传染病隔离防控制度

为了贯彻执行卫生保健及传染病防控措施，切断传染病流行的三个环节所形成的传播链，切实做到早发现、早报告、早诊断、早隔离，特制定如下条款。

一、对患有传染性疾病的儿童，在传染期内需进行隔离治疗，不能参加正常的幼儿园集体生活；经正规治疗病情好转，隔离期满并经医院复查和证明不再具有传染性，方可恢复入园。

二、各班教师应认真执行晨检制度，全面细致了解儿童的健康状况，在晨检中若发现儿童可能患有某种会发生传染的疾病，应及时劝说家长带孩子到医院进行诊断。一旦确诊，应立即启动传染病应急预案，避免传染性疾病在幼儿园的进一步传播。

三、家长有责任和义务及时把儿童生病、吃药的情况告知保健人员和教师；当发现儿童已患有传染性疾病，应主动将情况告知幼儿园，积极配合幼儿园严格执行隔离治疗制度，避免传染性疾病在幼儿园的蔓延和传播。

四、如在幼儿园内已经发现传染病病例，保健人员应组织人员在第一时间做好园舍的全面消毒工作，以尽量降低疾病的传播和扩散范围。

五、保健人员和教师应密切关注患儿所在班级及全园儿童的健康状况，并将情况告知全体家长，以便共同做好预防工作。

六、教师应细致地做好儿童的生活保育工作，关心儿童的健康，如发现异常情况（如发烧、出皮疹、呕吐、腹泻等）应及时汇报，并及时通知患儿家长。

七、建立传染病患儿的疾病档案，及时了解、记录患儿的恢复情况。

八、认真做好预防接种工作，积极预防传染病的发生。

九、认真执行“每日至少2小时室外活动”制度，加强体育锻炼，提高儿童的身体素质，增强免疫力。

十、积极预防传染病的发生和传播。

相关链接

疑似诺如病毒传染的消毒处理（见表1-7）

表1-7 疑似诺如病毒传染的消毒处理

处理程序	处理要求
1. 迅速疏散人员	（1）呕吐具有突发性，应迅速疏散患儿周围人员 （2）教室开窗通风
2. 隔离发病患儿	将发病患儿带至隔离室留观
3. 做好个人防护	按程序依次佩戴防护用品，包括一次性帽子、一次性医用口罩、一次性医用乳胶手套、一次性鞋套
4. 消毒处置呕吐物	（1）配制含有效氯为500～1 000 mg/L的消毒液，充分浸湿吸水方巾，完全覆盖呕吐物，作用30 min以上 （2）待消毒完成后将吸水方巾包裹的呕吐物移入黄色医疗废物专用包装袋，再用蘸有消毒液的吸水方巾对呕吐物污染区域进行擦拭消毒，需多次操作，以确保消毒彻底 （3）将使用过的吸水方巾一并放入黄色医疗废物专用包装袋中并扎紧袋口，外面再套一层垃圾袋，按医疗废物处理。呕吐物处理后应做好班级的预防性消毒
5. 人员卫生处置	处理完呕吐物后用0.5%碘伏消毒棉片或棉球消毒双手3 min，去除第一层手套，摘下防护用品及第二层手套，将其一并放入黄色医疗废物专用包装袋中，按医疗废物处理。操作完毕，再用0.5%碘伏消毒棉片或棉球消毒双手3 min，最后按七步洗手法用流动水冲洗双手
6. 班级环境及物品消毒	按照以上消毒要求进行消毒

培训单元2 传染病接触者的隔离和检疫

培训重点

➔ 了解常见传染病的类型。

➔ 掌握不同传染病接触者的观察、检疫方法。

知识要求

一、常见传染病的类型

呼吸道传染病：流感、水痘、麻疹、风疹、流行性腮腺炎、猩红热等。

直接接触传播传染病：手足口病、急性出血性结膜炎等。

消化道传染病：乙肝、甲肝、细菌性痢疾、感染性腹泻、诺如病毒等。

二、传染病时期的消毒、隔离、检疫

1. 消毒

消毒分为疫源地消毒和预防性消毒两种。

（1）疫源地消毒

疫源地消毒是指对有传染源（病人或病原携带者）存在的地区进行的消毒，以免病原体外传。

疫源地消毒又分为随时消毒和终末消毒两种。随时消毒是指及时杀灭并消除由污染源排出的病原微生物而进行的随时的消毒工作。终末消毒是指对传染源活动场所进行的彻底消毒，以期将传染源所遗留的病原微生物彻底消灭。

（2）预防性消毒

预防性消毒是指在未发现传染源的情况下，对可能被病原体污染的物品、场所和人体采取消毒措施，如公共场所消毒、运输工具消毒、饮水及餐具消毒、饭前便后洗手等均属此类消毒。

2. 隔离

医学上的隔离可分为传染病隔离和保护性隔离两种。传染病隔离是将处于传染期的传染病病人、可疑病人安置在指定的地点，暂时避免与周围人群接触，以便于治疗和护理。通过隔离，可以最大限度地缩小污染范围，减少传染病传播的机会。保护性隔离是指将免疫功能极度低下的易感染者置于基本无菌的环境中，如器官移植病区等，以使其免受感染。

隔离时间的长短应根据该种传染病的最长传染期而定，原则上是以病人没有传染性不能再传染他人为度。除传染病病人外，传染病病人的接触者也应隔离观察，称为留观。留观期间如接触者发病则应立即隔离、治疗。若接触者未发病，

观察期满即可解除隔离。观察期应按该种传染病的最长潜伏期计算。

3. 检疫

检疫是为了预防传染病的输入、传出和传播所采取的综合措施，包括医学检查、卫生检查和必要的卫生处理。检疫是风险管理的一种措施，是为了确认某种对象达到一定要求和标准而进行的评定过程。当人类、动物、植物等由一个地方进入另一个地方，为防止其带有传染病等，必须进行隔离检疫。

检疫期是指检疫的时间。传染病接触者检疫期，从与病人接触的最后一天算起，根据该病的最长潜伏期来制定。在检疫期内需要对接触者进行医学观察、留检或采取其他必要的措施。

常见传染病接触者的潜伏期、隔离期和检疫期见表 1–8。

表 1–8 常见传染病接触者的潜伏期、隔离期和检疫期

传染病名称	潜伏期			隔离期	检疫期
	常见	最短	最长		
流感	1～2 天	数小时	最后一个病人发病后 3 天	退热后 2 天	3 天
流行性乙型脑炎	10～14 天	4 天	21 天		不检疫
水痘	10～24 天	10 天	21 天	全部结痂，但不少于病后 14 天	21 天
麻疹	12 天	7 天	28 天	出疹后 5 天，合并肺炎者出疹后 10 天	21 天，未曾进行免疫接种者延至 28 天
风疹	12～19 天	5 天	19 天	出疹后 7 天	21 天
流行性腮腺炎	18 天	14 天	25 天	症状或体征消失或发病后 10 天	21 天
猩红热	1～7 天	数小时	12 天	咽部炎症消失，一般 7～10 天	12 天
疱疹性咽峡炎	2～3 天	1～2 天	5 天	症状消失后再隔离一周	6 天
手足口病	2～10 天	2 天	10 天	至疱疹全部干燥结痂	6 天
急性出血性结膜炎	1 天	数小时	2 天	7～10 天	2 天

续表

传染病名称		潜伏期			隔离期	检疫期
		常见	最短	最长		
病毒性肝炎	甲肝	2～6 周，平均 4 周			自发病起不少于 40 天	45 天
	乙肝	1～6 个月，平均 3 个月				
	丙肝	2 周～6 个月，平均 40 天				
细菌性痢疾		1～2 天	数小时	7 天	全程治疗，症状消失，大便培养两次阴性	7 天
感染性腹泻	肠侵袭性腹泻	2 天	数小时	4 天	全程治疗，症状消失，大便培养两次阴性	5 天
	病毒性腹泻	1～3 天	1 天	3 天		5 天
	寄生虫性腹泻	7～14 天	7 天	14 天		
诺如病毒		1～2 天	1 天	3 天	7 天左右	7 天

三、传染病时期的消毒和应急措施

1. 启动报告和零报告制度，实行 24 小时值班制度，加强系统内的疫情通报。

2. 进入应急状态的准备，落实各项防治措施。

3. 若园所内尚无疫情发生，可保持正常活动、工作和生活秩序，但对集体活动要进行错时错峰控制。

4. 传染病流行时要加强对发热婴幼儿及未入园或因病请假婴幼儿的追踪管理。

5. 呼吸道传染病流行期间，活动室、图书室、食堂等公共场所做到加强通风换气，并采取必要的消毒措施；肠道传染病流行期间，对厕所、粪便、厨房及饮水加强消毒，并加强除“四害”工作。

6. 严格执行出入托幼机构管理制度。

【案例 1–3】

发现咽峡炎患儿后的应急处理

某幼儿园在晨检时发现小一班幼儿辰辰咽部周围有点状充血点，测量体温正常，手部及其他部位没有皮疹等症状，建议就医进一步诊断。就医后确诊为疱疹性咽峡炎，为病毒感染。进一步排查班级缺勤幼儿，有 2 名幼儿也是这种情况，但有发烧、咽部疼痛史。

为了避免园内发生暴发性疾病流行，在保健医生的指导下，该园调整以下消毒方式，见表 1–9。

表 1–9　咽峡炎流行时的应急预防措施

<table>
<tr><th>环节
时间</th><th>全日观察</th><th>卫生消毒</th><th>隔离措施</th></tr>
<tr><td>7：20—8：00</td><td>1. 保健医生检查幼儿入园体温以及手、口、皮疹等
2. 教师接待幼儿入园时，在关注幼儿体征的同时，密切与家长沟通幼儿健康状况，了解幼儿的接触史
3. 幼儿进入教室时，教师再次检查体温以及手、口、皮疹等</td><td>1. 公共区域、活动室、卫生间等开窗通风
2. 重点对幼儿可触及的物体表面进行擦拭消毒，消毒后进行清洁
3. 指导幼儿使用个人用品（毛巾、水杯），做到专人专用，防止交叉感染
4. 幼儿洗手后再进入教室，保证幼儿手卫生</td><td rowspan="4">1. 根据相关文件规定，当一天内有3例或3天内有多例（5例）患病执行停班或停止入园措施
2. 出现确诊病例后该班级对幼儿启动全日观察措施
3. 出现2例确诊病例后，班级进入备用教室，加强班级物品卫生消毒
4. 患儿所在班级户外活动的时间与其他班级错时进行
5. 当一天内出现多个病例时，按照规定执行并进行传染病终末消毒</td></tr>
<tr><td>8：00—8：30</td><td>1. 教师关注进餐中的幼儿精神状态、体温情况等
2. 保健医生 / 教师对迟到幼儿进行补检
3. 教师电话联系缺勤幼儿家长，重点询问幼儿健康情况，如发现发热、咳嗽、咽部疱疹等症状时，及时将幼儿情况汇报保健医生</td><td>1. 餐前、餐后清洁桌面、地面，做到清 – 消 – 清
注：清洁地面时，可以适当开窗换气
2. 提醒幼儿饭前、便后洗手，擦手时应将手擦干；保育员在幼儿离开后将洗手台面、水龙头、便池表面水迹清理干净，消毒，擦净；将地面水迹清理干净，消毒，擦净；开窗通风
3. 将餐具及用具返到厨房，进行清洗、消毒、控干
注：班级发生疾病流行时，餐具需单独清洗、消毒</td></tr>
<tr><td>8：30—10：00</td><td>教师关注教学活动中幼儿的精神状态、体温情况等</td><td>1. 玩具、图书定期清洁、消毒、暴晒，分批、分组操作，避免交叉使用
2. 清洁、消毒地面、楼梯扶手、衣帽柜等表面</td></tr>
<tr><td>10：00—11：00</td><td>1. 室外活动整理队列时，检查幼儿体温情况，对特殊体质幼儿给予特殊护理
2. 活动过程中，关注幼儿活动量、出汗情况、是否有不适等</td><td>1. 开窗通风，对出现传染病的班级实施紫外线消毒，时间为 30 min
2. 教师与幼儿离开班级后，保育员要将活动室、卫生间清洁干净，等候幼儿返回教室
3. 将加餐用具送回厨房进行清洁、消毒</td></tr>
</table>

续表

<table>
<tr><th>环节
时间</th><th>全日观察</th><th>卫生消毒</th><th>隔离措施</th></tr>
<tr><td>11：00—12：00</td><td>1. 同早餐环节
2. 午餐环节易发生突发事件，教师应提高警惕</td><td>1. 同早餐环节
2. 午间对活动室、卫生间、清洁用具、垃圾桶进行全面清洁、消毒</td><td rowspan="5">1. 根据相关文件规定，当一天内有3例或3天内有多例（5例）患病执行停班或停止入园措施
2. 出现确诊病例后该班级对幼儿启动全日观察措施
3. 出现2例确诊病例后，班级进入备用教室，加强班级物品卫生消毒
4. 患儿所在班级户外活动的时间与其他班级错时进行
5. 当一天内出现多个病例时，按照规定执行并进行传染病终末消毒</td></tr>
<tr><td>12：00—14：30</td><td>教师在检查幼儿精神状态、体温情况的同时，注意幼儿是否携带危险物品，关注特殊体质幼儿的身体表现及午睡情况等</td><td>—</td></tr>
<tr><td>14：30—15：40</td><td>1. 教师重点关注起床后幼儿的体温情况，在这个环节幼儿容易出现发热
2. 加餐时，关注幼儿喝奶后的反应情况</td><td>1. 整理床铺，对床边进行消毒、清洁
2. 起床后指导幼儿按七步洗手法进行手卫生
3. 加餐前后对桌面进行清－消－清擦拭
4. 加餐用具送回厨房进行清洗、消毒
5. 清洁卫生间并消毒，开窗通风
6. 室外活动时对活动室进行开窗通风</td></tr>
<tr><td>15：40—16：40</td><td>1. 离园时，检查幼儿体温、有无皮疹等，其他同早餐环节
2. 与家长沟通，让家长了解幼儿在园期间的身体健康情况</td><td>同早餐环节</td></tr>
<tr><td>17：10—17：30</td><td>—</td><td>1. 清洗、消毒幼儿专用品（毛巾、水杯），对疑似传染病幼儿的个人用品应单独清洗、消毒
2. 全面清洁、消毒活动室、卫生间、走廊地面
3. 清洁、消毒公共用具，如量杯、保温桶等
4. 离园前打开紫外线灯，关闭门窗，照射时间不少于60 min</td></tr>
</table>

培训项目 3 人员管理

培训单元 1 一日保育工作流程管理

➔ 了解托幼机构保育人员工作管理规范。

➔ 了解保育员一日工作流程以及各环节的具体要求。

➔ 掌握保育员一日工作流程中各环节的卫生清洁和消毒操作步骤、标准，并能及时、有效地指导初级、中级保育员。

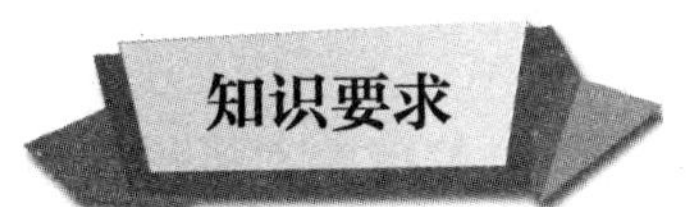

一、托幼机构保育人员工作管理规范

1. 管理机制

各机构要树立科学的保育观念，充分认识保育工作在托幼机构教育中的重要作用，将规范保育工作管理作为提高管理水平的途径。通过不断健全组织、完善制度、加强考核等多种方式对保育工作进行全程管理，建立保育工作管理分工网络，有专职保育工作分管领导，形成有效的管理机制。

2. 管理规划

将保育工作列入托幼机构的三年发展规划和年度工作计划，做到年度有目标、有计划、有总结、有检查。

3. 保育人员职责

（1）教师职责

遵循保教结合的工作原则，严格执行托幼机构安全、卫生保健制度，指导并配合保育员、保健医生管理婴幼儿生活，做好卫生保健工作，培养婴幼儿良好的生活习惯和卫生习惯，在活动中落实保育工作规范。

（2）保健医生职责

贯彻执行卫生健康部门对卫生保健工作的规定，在业务部门的指导下做好健康检查、营养膳食、卫生消毒、疾病预防、资料档案、应急处理及相关管理工作。

（3）保育员职责

贯彻执行《幼儿园工作规程》及在保健医生和本班教师指导下，严格执行托幼机构安全、卫生保健制度，认真做好本班设施、设备、环境、用具、玩教具等保洁、消毒、整理工作；负责本班婴幼儿生活、活动各个环节的保育（包括餐、饮供给）和护理工作；妥善保管本班婴幼儿的衣物和本班的设备、用具、玩具等，并协助教师做好教育教学工作，为婴幼儿的生活、学习提供便利，促进其健康快乐成长。

（4）食堂工作人员职责

严格按食品卫生法的要求开展工作，认真履行食品卫生和消毒制度，规范操作程序，努力钻研烹调技术，保质保量地提供合格、营养的膳食。

（5）保安人员职责

执行 24 h 不间断轮岗执勤和校园巡逻制度，全方位、全天候负责本机构的防火、防盗，及时处置突发事件等安全保卫工作，为婴幼儿营造安宁的生活、学习环境；严格执行门卫制度，确保婴幼儿进出门安全；认真执行托幼机构其他管理制度，为确保托幼机构教育教学活动的有序展开做好相关工作。

4. 保育员操作规范

（1）消毒管理

1）教室、睡眠室消毒。密闭门窗，开消毒灯 30 min 以上，关灯后开窗通风 15 min 以上。每天一次，在婴幼儿离园后进行，流行病季节增加次数。

2）餐桌消毒。餐前用正确配比的消毒液将餐桌擦拭一遍，再用清水擦拭干净。

3）水杯架消毒。每天一次，用正确配比的消毒液擦拭一遍，再用清水擦拭干净。

4）水杯消毒。每天用专用的干净抹布在干净卫生的专用盆子、水槽中清洗，保证水杯无污垢、无洗涤剂残留，清洗后装入专用干净的消毒袋，送消毒间进行消毒。

5）饮用水储存器消毒。每天倒尽储存器内的隔夜水，用流水、专用抹布由里到外进行清洗，并用适量开水冲洗。

6）擦手毛巾消毒。用安全洗涤剂每天在专用盥洗器具中单独清洗，保证毛巾无污渍、无洗涤剂残留，送消毒间消毒，消毒后悬挂晾晒（注意间距）。

7）餐巾消毒。每次使用后用安全洗涤剂在专用盥洗器具中单独清洗，保证餐巾无污渍、无洗涤剂残留，然后送消毒间消毒。

8）玩具、图书消毒。每周一次用正确配比的消毒液擦拭或浸泡消毒，晾干，或在太阳光下翻晒 4 ~ 6 h，或在紫外线灯下照射 1 h。

8）被褥、枕套消毒。督促家长每月拆洗被褥、枕套一次，托幼机构每月翻晒婴幼儿被褥、枕套一次。换季储藏前必须拆洗、暴晒，储藏处应保持干燥、清洁。

10）席子消毒。使用前用专用抹布和温水擦拭干净并晾干，确认卫生安全后方可使用。使用过程中定期用温水擦拭并晾干，每周用正确配比的消毒液擦拭。换季储藏前必须清洁、晾干，放在清洁干燥处储藏。

11）紫外线灯管消毒。每周一次用 95% 酒精棉擦拭灯管，保持灯管无灰尘。

12）消毒记录。按规定做好消毒记录（包括消毒时间、累计时间和擦灰日期）。

（2）保洁管理

1）室内通风。婴幼儿到园前 15 ~ 20 min 开窗开门通风，门窗打开后相对固定。一般天气保持对流，特冷或特热大气保持间接对流，至少有一个通风口。

2）水杯摆放。一人一杯，杯口朝上，杯柄朝外，放在固定的位置。

3）毛巾摆放。擦手毛巾需一人一巾，挂在固定的位置，不交叉挂放；人手一块擦嘴巾，按组分发到餐桌上。

4）午睡前铺床。床铺整齐美观，以便于婴幼儿入睡。

5）餐后收拾。耐心等待所有婴幼儿吃完后进行。先收拾碗筷再收拾桌面，最后清扫地面。保证碗筷整齐，桌面无油腻，地面无污渍。

6）午睡后整理床铺。待所有婴幼儿离开午休室，再翻开其被褥，开窗通风 30 min 以上，逐条清理垫被或席子，逐条折叠盖被并摆放整齐，发现问题要及时与教师沟通。

7）盥洗室保洁。根据婴幼儿如厕规律及时冲洗便池，保持室内无异味、无污渍、无垃圾、无飞虫，保持地面干燥和室内通风，确保日常洗手液和厕纸充足。

8）走廊等活动场所打扫。先拖地面，稍干后再打扫，保证婴幼儿活动时地面干燥、干净，并保持扶手处干净。

9）玻璃窗保洁。每周清洁一次，保持玻璃清洁明亮，窗档无积尘。

10）课桌椅保洁。每周清洁一次，做到无污渍、无积尘。

11）本班用具、用品保洁。每周彻底清洁一次，做到无污渍、无积尘。

（3）生活管理

1）餐点管理

①牛奶发放。确认牛奶新鲜并有足够的数量，在规定时间（第一节课后）送到饮用地点，经班级教师认可，逐一分发给每个孩子，冬夏季节注意保温。

②中晚餐分发。所有食品均须低于 60 ℃才可进入进餐间。遵循先冷后热、先温后烫、先干后稀的原则，并放在孩子碰不到的地方。

③水果分发。用专用的刀具切分和专用器皿盛放，人手一份。

④备餐准备。提前了解需求，及时为有特殊需要的孩子做好备餐准备。

⑤用餐管理。耐心、细致地引导婴幼儿自己用餐点，根据孩子进食情况帮助其添加饭菜，培养良好的进餐习惯和礼仪。

2）饮水管理。每天备足饮用水，保证冬暖夏凉，最高温度不超过 60 ℃，并引导婴幼儿口渴时随时饮水。

3）服药管理。核对服用者姓名、服用剂量，掌握服药者的基本病因，用温开水伺服，注意服药后状况，并及时与教师沟通。

4）午睡管理。和教师一起帮助婴幼儿入睡，时刻注意孩子入睡状况，经常巡视观察，耐心细致地照看特殊孩子。起床后检查孩子服饰穿戴是否整齐，帮助女孩梳理好头发，并指导孩子如厕。

（4）辅助教育管理

1）在园活动。在婴幼儿一日活动的各个环节中，配合教师做好相应的保育工作，以及婴幼儿行为习惯和生活习惯的养成教育。

2）外出活动

①了解外出活动的时间、地点，熟知安全防范要点。

②准备好婴幼儿必需用品，包括毛巾、卫生纸、网袋等。

③配合教师做好婴幼儿上下车、清点人数等工作。

④协助做好活动时相应的安全防范工作，及时与教师沟通。

（5）危险物品管理

1）危险物品保管。洗涤剂、消毒剂须用牢固、密封的容器盛放，固体洗涤剂须用牢固的包装袋盛放，锋利危险的器具须用牢固器具集中盛放，置放于婴幼儿拿不到的橱柜内，并上锁、有明显标记。

2）危险物品使用。凡使用危险物品，必须在婴幼儿不在场时进行。

5. 考核评价

托幼机构要定期对工作人员进行量化评价及全面考核。

二、保育员一日工作流程管理

1. 婴幼儿一日活动安排的原则

（1）托幼机构应当根据各年龄段婴幼儿的生理、心理特点，结合本地区的季节变化和本托幼机构的实际情况，制定合理的生活制度。

（2）合理安排作息时间和睡眠、进餐、大小便、活动、游戏等各个生活环节的时间、顺序和次数，注意动静结合、集体活动与自由活动结合、室内活动与室外活动结合，不同形式的活动交替进行。

（3）保证每日充足的室外活动时间，全日制每日不少于 2 h，寄宿制每日不少于 3 h，寒冷、炎热季节可酌情调整。

（4）根据婴幼儿年龄特点和托幼机构服务形式合理安排每日进餐和睡眠时间。儿童正餐间隔时间 3.5 ~ 4 h，进餐时间 20 ~ 30 min，餐后安静活动或散步时间 10 ~ 15 min。3 ~ 6 岁幼儿午睡时间根据季节以 2 ~ 2.5 h 为宜，3 岁以下婴儿日间睡眠时间可适当延长。

【案例 1–4】

某托育中心托育一日工作流程（见表 1–10）

表 1–10 某托育中心托育一日工作流程

时间	工作内容
7：20—7：40	入园晨检
7：40—7：50	组织饮水、洗漱、如厕，餐前准备
7：50—8：20	早餐
8：20—8：40	组织如厕，活动前准备

续表

时间	工作内容
8：40—9：10	保育活动
9：10—9：25	组织如厕、饮水，室外活动前准备
9：25—10：20	室外活动
10：20—10：35	组织饮水、洗漱、如厕，加餐前准备
10：35—11：00	保育活动
11：00—11：20	组织饮水、洗漱、如厕，午餐前准备
11：20—11：50	午餐
11：50—12：00	组织散步、午检，午休前准备
12：00—14：40	午休
14：40—14：45	组织饮水、洗漱、如厕，加餐前准备
14：45—15：05	加餐
15：05—15：10	活动前准备
15：10—16：00	户外保育活动
16：00—16：05	组织饮水、洗漱、如厕，晚餐前准备
16：05—16：40	晚餐
16：40—16：50	离园准备
16：50—17：10	离园

2. 保育员一日工作流程制定

保育员一日工作流程要根据托幼机构一日流程安排来具体制定，学期末要进行总结，针对机构发展实际情况做好流程管理制度中的完善和补充。表 1–11 为某幼儿园保育员一日工作流程。

表 1–11　某幼儿园保育员一日工作流程

时间	内容	流程	要求
8：50—9：30	1. 清洗早餐用具	（1）用洗洁精清洗碗的油垢 （2）用清水（冬天用温水）冲洗干净 （3）整齐装入消毒袋中，不要将袋放到地上 （4）餐具送消毒间消毒 （5）寝室开窗通风	（1）餐具无油垢 （2）消毒袋保持干净无异味

续表

时间	内容	流程	要求
8：50—9：30	2. 取奶	（1）按幼儿数量领取奶 （2）烫奶，将烫好的奶放到相应的地方	奶温适中
	3. 收拾卫生	将地面、洗手台、厕所地面的水及公共区域清理干净	（1）地面干净，无积水 （2）厕所无异味
	4. 铺幼儿被褥	（1）整齐抻平所有来园幼儿的被褥（不能扔在地垫上或卷曲着） （2）户外活动时间关闭睡眠室窗户	—
9：30—11：00	1. 睡眠室开窗通风	关紫外线灯，开睡眠室窗通风	按时
	2. 配班	（1）协助教师组织好教育活动，及时处理活动中发生的特殊情况，以保证教育活动的顺利进行 （2）帮助教师准备并摆放好所需的教具和材料，必要时可配合教师根据活动需要制作简单的教具 （3）做好配班工作，分组指导幼儿进行活动 （4）处理幼儿的特殊情况（特别是注意观察在如厕、喝水后未回教室的幼儿情况）	（1）亲切自然，语言清晰、简练、准确、规范、儿童化 （2）亲近、赏识幼儿，富有童心，师生关系融洽
	3. 组织幼儿喝奶	（1）协助带班教师组织幼儿排队取奶，用消过毒的专用剪刀剪开奶袋，分给每个幼儿 （2）指导幼儿自理（小便、漱口、扔掉喝完的奶袋） （3）收拾卫生	（1）态度和蔼、语调亲切 （2）用正确的方法指导幼儿自理 （3）垃圾桶周围、墙面、簸箕内干净，无污垢，无奶渍
	4. 配操	（1）帮助幼儿整理衣物，做好上操前的准备工作。提醒幼儿如厕，检查幼儿服装、鞋带及场地安全、器械数量等，以保证早操活动顺利进行 （2）提醒中、大班幼儿穿好衣服，系上扣子、拉好拉链，鞋带系整齐 （3）走在幼儿队伍后面，关注到全体幼儿，照顾好体弱、生病及个别幼儿 （4）与本班教师一起做操，动作规范到位 （5）根据天气变化及活动量的大小，及时给幼儿增减衣服，以防伤风感冒	（1）检查幼儿服装，穿戴整齐，无穿反鞋子等现象 （2）检查场地、器械安全 （3）配操动作到位规范 （4）及时为幼儿增减衣物 （5）协助清点人数

续表

时间	内容	流程	要求
9：30—11：00	5. 喝水、小便、洗手管理	（1）组织幼儿排队喝水，小班教师提前盛好水，提醒每个幼儿喝水，掌握幼儿饮水量 （2）掌握幼儿大小便习惯，及时提醒幼儿如厕，指导幼儿便后擦净，整理好衣裤，用肥皂洗手 （3）保持水杯的清洁、整齐 （4）随时保持喝水区、厕所的卫生清洁与安全，地面干燥、无积水 （5）帮助小班幼儿脱、提裤子，掌握正确如厕方法，教育幼儿正确使用厕纸；提醒小班幼儿有便意时大胆告诉老师，不拉、尿裤子；指导中、大班幼儿独立如厕，便后主动冲水；提醒幼儿提好裤子（包好小肚子），给予必要的指导和帮助 （6）确保每个幼儿每天喝 6～8 杯水	（1）及时拖净地面，小便后及时冲洗厕所，保持厕所无异味 （2）保证水杯干净 （3）保证幼儿喝足水
	6. 睡眠室关窗	10：00 关睡眠室紫外线灯，开窗通风 20～30 min 后，再关窗	（1）按时关窗 （2）冬天窗户半开
	7. 餐前准备	（1）餐前用 84 消毒液擦桌面后，再用干净的抹布擦一遍（用 84 消毒液擦时不能安排值日生） （2）准备与幼儿数量相等的餐具，中、大班可指导值日生将碗和小勺按每桌幼儿的人数分发到桌子上。进食有刺和骨头的饭菜时，桌上应放垃圾盘 （3）洗手后准备领午饭	餐前用 84 消毒液擦桌面
11：20—12：00	1. 领午饭	（1）到厨房领取幼儿的午饭 （2）领回的饭菜都放到桌上，不要放到地上	—

续表

时间	内容	流程	要求
11：20—12：00	2. 分饭	（1）协助教师指导幼儿有秩序地领取饭菜，方法具体，防止危险发生 （2）基本掌握幼儿的饭量，给幼儿盛饭，提醒幼儿不推不挤，四指在下、拇指在上端饭。动作轻、快，注意夏季散热、冬季保温 （3）对有特殊进餐要求的幼儿（生病禁忌、对某些食物有过敏史等）的餐点做好调整 （4）协助教师给幼儿加餐 （5）分饭时要佩戴口罩	—
	3. 睡眠室关窗	幼儿睡前要关闭睡眠室窗户，冬、夏季在幼儿进入睡眠室前半小时打开空调，温度调至 26 ℃	—
	4. 餐具消毒	（1）午饭后及时收拾餐具及水杯，先清洗再冲洗，最后放入消毒袋中 （2）若幼儿进餐未结束，不拖地，不扫地，不催饭 （3）所有幼儿当餐使用的餐具、水杯全部送到厨房消毒	—
	5. 收拾卫生	将地面、厕所冲洗干净	—
	6. 交接班	（1）与主班教师交接幼儿情况（午检情况、人数、喝药、生病幼儿、家长特别嘱托的事情等），并亲自填写交接班记录 （2）清点幼儿人数	不可代写或补写
12：00—14：00（夏季 14：30）	1. 午睡	（1）待幼儿全部睡下后，天暖无风时可开窗缝，但应避免对流风吹在幼儿身上；全体幼儿头、脚交叉睡，避免口对口呼吸。指导幼儿将衣服、鞋子摆放整齐，养成良好习惯 （2）每天轻声讲故事或播放故事 5～10 min，让幼儿安静入睡，体弱幼儿睡在教师能够方便照顾的地方	—

续表

时间	内容	流程	要求
12：00—14：00（夏季14：30）	1. 午睡	（3）帮助小班幼儿放好枕头，拉开被子，脱、叠衣服。巡视幼儿的午睡情况，发现异常及时处理及时汇报，午睡期间不离开睡眠室。帮助幼儿盖好被褥，纠正不正确睡姿，可以让幼儿仰卧或侧卧。护理体弱幼儿，照顾入睡困难、情绪和身体有异常的幼儿入睡。要做到“一看、二听、三摸、四做”。一看：看幼儿面部是否有发热、发白等异常现象；二听：听幼儿呼吸是否自然、有无咳嗽等；三摸：摸幼儿是否发热；四做：纠正趴睡幼儿的睡姿，对幼儿蹬被子、盖住嘴的行为要纠正等 （4）每 30 min 记录一次幼儿午睡情况。注意观察早上吃药幼儿的情况 （5）杜绝干私活、打电话、看手机、睡觉等行为 （6）12：30 幼儿入睡率达到 90%以上 （7）提醒女孩摘掉发卡、皮筋等并放入专用框内	—
	2. 通风、关窗	（1）12：30 活动室开窗通风 （2）幼儿起床前半小时准时关闭活动室窗户保暖，等候幼儿起床	—
	3. 准备水果	（1）准备水果，带皮的水果对小班削皮、中大班洗净切块 （2）准备好小盘子和小夹子	—
	4. 交接班、取餐具	（1）与带班教师交接班后，到厨房取碗 （2）摆放水杯，中、大班可安排值日生摆水杯	—
14：00—14：30	1. 组织幼儿起床	小班要帮助幼儿穿衣服，中、大班要指导幼儿自己穿	—

续表

时间	内容	流程	要求
14：00—14：30	2. 整理卫生	（1）整理幼儿被褥，整齐放到橱里 （2）先清扫地垫及地垫下面的垃圾，用84消毒液浸泡好的专用毛巾擦拭地垫 （3）打开睡眠室窗户，全面通风 （4）待幼儿离开睡眠室后，打开所有窗户通风并固定好窗帘；检查是否有幼儿遗漏的发夹、纽扣、袜子、皮筋等小物品，以防发生意外 （5）对小班幼儿给予适当的帮助，对中、大班幼儿以语言指导和提醒为主	—
14：30—15：00	倒垃圾，清扫活动室	（1）收拾活动室，倒垃圾，清洗簸箕、厕所等 （2）簸箕内无污物，及时刷洗 （3）督促未吃完水果的幼儿 （4）将拖把池、厕所冲洗干净，每天有一次用洁厕灵冲刷。保持没有黄锈	—
15：00—16：00	配班	（1）配合班级教师做好相关的材料准备 （2）整理班级物品，整齐摆放 （3）活动过程中，观察幼儿的动作及行为表现并指导，及时排除不安全因素，保证幼儿活动安全	—
16：00—17：00	1. 晚饭	（1）餐前用消毒毛巾擦拭桌面后，再用干净的抹布擦一遍（使用84消毒液消毒时不能让幼儿擦） （2）到厨房领取幼儿的晚饭。协助教师指导幼儿有秩序地领取饭菜，方法要具体，以防止危险发生 （3）基本掌握幼儿的饭量，给幼儿盛饭时动作要轻、快，注意夏季散热，冬季保温 （4）对有特殊进餐要求幼儿（生病禁忌、对某些食物有过敏史等）的餐点做好调整 （5）巡视幼儿进餐情况，并及时加餐	—

续表

时间	内容	流程	要求
16：00—17：00	2. 洗刷餐具	（1）晚饭后及时收拾餐具，先清洗再冲洗，最后放入消毒袋中。幼儿进餐未结束时，不拖地，不扫地，不催饭 （2）收拾完餐具，拖干盥洗室地面，收拾完卫生，与带班教师交接班后，方可下班	—

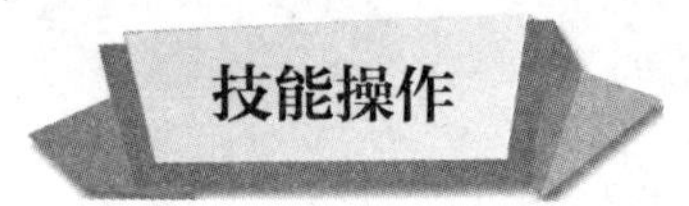

一日工作流程中消毒作业的指导

一、操作准备

1. 学习消毒制度和相关法规。

2. 根据消毒制度，确认详细的消毒要求。

二、基本程序

1. 根据班级婴幼儿年龄段特点结合消毒制度分析消毒工作，包括以下几个方面：

（1）一日流程中有关卫生消毒的时间要求。

（2）消毒操作流程和班级物品消毒要求。

（3）对班级消毒物品的基本配置和定期检查。

2. 示范讲解卫生消毒物品及工具的使用方法，以及每一个环节的卫生清洁标准和流程，重要的部分应着重讲解和演示。除示范外，还要让所有保育员逐一进行操作展示，对不足之处要重复指导，确保他们熟练掌握。重点包括以下几个方面：

（1）餐前桌面的消毒。

（2）餐后清洗消毒（餐具、桌面、地面）。

（3）活动区域及玩具、教具的消毒。

（4）卫生间的消毒（门把手、水龙头、水杯架、毛巾橱等）。

（5）公共卫生区域的消毒。

（6）毛巾、水杯的消毒。

3. 指导卫生消毒物品的摆放和归类。

（1）拖把、擦布按要求打眼穿绳进行悬挂，悬挂的位置、标识和物品要一一对应。

（2）洗涤用品、餐巾纸、毛巾，要根据放置要求按标识对应摆放。

具体要求见表 1–12。

表 1–12 卫生消毒物品的摆放要求

<table>
<tr><th>物品名称</th><th colspan="2">悬挂要求</th><th>冲洗要求</th></tr>
<tr><td>睡眠室拖把</td><td>拖把头向上 20 cm</td><td rowspan="3">悬挂拖把的位置尽量在冲洗池的上方，三种拖把要成梯形悬挂</td><td rowspan="4">（1）每次用完后冲洗干净，悬挂晾干
（2）使用前用 1∶100 的 84 消毒液浸泡 30 min 后用清水冲洗干净</td></tr>
<tr><td>活动室拖把</td><td>拖把头向上 35 cm</td></tr>
<tr><td>厕所拖把</td><td>拖把头向上 50 cm</td></tr>
<tr><td>幼儿拖把</td><td colspan="2">拖把柄上贴上标识，按标识位置按入卡扣进行悬挂 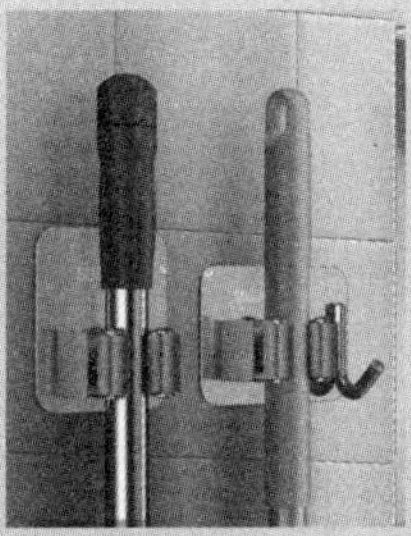</td></tr>
<tr><td>扫帚、簸箕</td><td colspan="2">（1）根据空间设置专用悬挂工具
（2）活动室用和厕所用的要分隔开</td><td rowspan="2">（1）扫帚和簸箕每天放置于窗户边，悬挂处通风晾晒
（2）厕所刷每次用完后冲洗干净，悬挂晾干</td></tr>
<tr><td>厕所刷</td><td colspan="2">距地面向上 60 cm 处</td></tr>
<tr><td>蓝色抹布（桌椅）</td><td colspan="2" rowspan="4"> 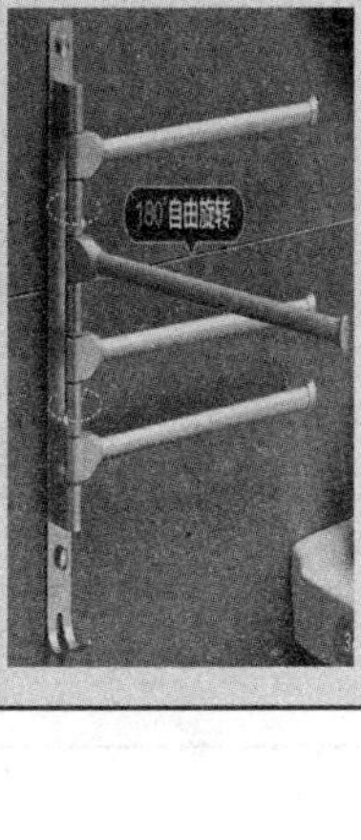 </td><td rowspan="4">每次使用完清洗干净，按标识展平，每杆成 45° 角打开晾晒</td></tr>
<tr><td>紫色抹布（厨具）</td></tr>
<tr><td>棕色抹布（玻璃）</td></tr>
<tr><td>清洁手套</td></tr>
</table>

4. 指导消毒记录表（见表 1–13）的填写和归档。

表 1–13　班级消毒记录表

年　月　第　周

物品名称	消毒方法（浓度）	消毒时间（灯管累计时间：　小时）					执行人签字
		周一	周二	周三	周四	周五	
楼梯及扶手	84 消毒液擦（　）						
门及把手	84 消毒液擦（　）						
水龙头、窗台	84 消毒液擦（　）						
幼儿桌椅	84 消毒液拖（　）						
床、衣、鞋橱	84 消毒液擦（　）						
塑料玩具	84 消毒液浸（　）						
木制玩具	84 消毒液擦（　）						
毛巾	84 消毒液浸（　）						
餐具、水杯	蒸汽、消毒柜						
抹布、拖把	84 消毒液擦（　）						
活动室	通风						
	紫外线灯照射						
睡眠室	通风						
	紫外线灯照射						
扫帚及簸箕	84 消毒液浸（　）						
厕所	84 消毒液冲（　）						
玻璃	84 消毒液擦（　）						
饮水机	消毒液浸（　）						

续表

物品名称	消毒方法（浓度）	消毒时间（灯管累计时间：　　小时）					执行人签字
		周一	周二	周三	周四	周五	
图书	暴晒						
办公电话	酒精擦（　　）						
垃圾桶	84 消毒液擦（　　）						
其他							

注：填写每天的具体时间点。

三、注意事项

1. 消毒作业时做好个人防护。
2. 严格按照消杀配比要求使用消毒物品。
3. 有幼儿在的情况下不能进行紫外线灯消毒。
4. 消毒后要对空气进行通风。

培训单元 2　保育卫生工作教研

➔ 了解保育员的工作职责。

➔ 掌握保育员常规工作内容，针对卫生保健工作定期开展业务学习，不断提高卫生管理技能。

一、保育员的卫生工作职责

保育员卫生工作职责的主要内容包括：

（1）负责本班房舍、设备、环境的清洁卫生和消毒工作。

（2）在保健人员指导下，严格执行各种卫生保健制度。

二、相关卫生保健制度

1. 传染病预防与控制制度

主要内容包括：预防接种，疫情报告，缺勤追踪，卫生消毒，晨、午检和全日健康观察，开展健康教育，严格返园（所）证明管理。

2. 常见疾病预防与管理制度

主要内容包括：健康教育，培养良好的卫生习惯，合理平衡膳食；加强体格锻炼；五官保健及异常儿童专案管理，营养性疾病儿童专案管理，先心病、哮喘、癫痫及过敏史儿童管理，儿童心理行为保健。

3. 卫生保健信息收集制度

主要内容包括：健康档案内容，卫生保健工作台账、台账记录要求，统计分析，软件管理。

4. 卫生与消毒制度

主要内容包括：责任到人（不同的区域、物品由谁负责、谁检查）；环境卫生、个人卫生、预防性消毒；不同物品消毒方法、频次，特殊时期的消毒方法；消毒记录。

5. 入园（所）及定期健康检查制度

主要内容包括：儿童健康检查［入园（所）健康检查、定期健康检查］，工作人员健康检查（上岗前健康检查、定期健康检查）。

6. 伤害预防制度

主要内容包括：定期全园（所）安全排查制度；各类物品安全标准；应急预案，应急处理能力培训，应急演练；预防儿童伤害相关知识和急救技能培训。

卫生管理工作教研

一、操作准备

1. 托幼机构卫生清洁制度。

2.《托儿所幼儿园卫生保健工作规范》等文件。

二、操作程序

1. 学习托幼机构卫生清洁制度和《托儿所幼儿园卫生保健工作规范》等文件。

2. 学习班级婴幼儿不同年龄段生理心理特征及行为习惯的养成标准。

3. 示范讲解每一个环节的卫生清洁流程和标准，重要部分应着重讲解和演示。请培训对象逐一进行操作展示，对不足之处进行指导。

4. 集体讨论，充分听取培训对象的疑问和意见，通过深入讨论、交流经验，激发学习的积极性和工作热情。

三、注意事项

1. 理论学习要注重循序渐进的原则，使培训内容的难度与培训对象的基础和接受能力相匹配，逐步提高技能水平和专业素养。

2. 结合工作实际，解决实际问题，体现针对性和实用性。

3. 关注个体差异，可以定期进行个别指导。

职业模块 二

生活管理与教育

培训项目 1 进餐管理与指导

培训单元 1 婴幼儿饮食调理及进餐指导

- ➔ 掌握体弱、肥胖儿童饮食调理知识。
- ➔ 能根据体弱、肥胖儿童的进餐情况进行个别指导。
- ➔ 能对需要特殊照料期的婴幼儿的进餐情况进行个别指导。

一、体弱儿童的饮食调理

体弱儿童的饮食要有计划、有食谱、有进食量及时间表，要与正常儿童食谱同步编制。

体格生长落后的体弱儿童，如营养不良、生长迟缓、患先天性心脏病，需要相对的高能量、高蛋白饮食，应增加肉蛋禽鱼类。在进食时也应该鼓励并保证肉蛋禽鱼类的摄入。

贫血儿童需要遵医嘱进行治疗。缺铁性贫血的儿童应增加富含铁的食物，如肝脏、瘦肉等。新鲜蔬菜和水果富含维生素C有利于铁的吸收，也可适量食用。

食物过敏儿童应由医生确认具体对哪种食物过敏，并在膳食中完全剔除，用其他食物替代，保证其营养摄入均衡。部分哮喘儿童可能也存在食物过敏问题，需要医生确认。

佝偻病儿童需要遵医嘱进行治疗。按医嘱增加维生素 D 的补充剂量，同时增加富含钙的食物，如奶及奶制品。

二、肥胖儿童的饮食调理

6 岁以下肥胖儿童以增加运动、适当控制饮食为原则，在保证生长发育的前提下逐步减少体脂，控制体重增长，但不需要减重。应适当控制总能量，保证蛋白质摄入。减少高脂饮食，尤其是严格控制添加糖的摄入。

（1）限制高能量、高脂肪、高糖、高胆固醇食物（肥肉、油炸食品、奶油甜点、坚果、冰激凌、巧克力、甜饮料等）的摄入。

（2）限制精细主食摄入，多食糙米（糙米粉）、全麦（麦片）、玉米等。这类主食既能减少热量摄入，又可饱腹。

（3）保证含蛋白质食物（鱼、瘦肉、豆类及豆制品）的摄入，以防减肥影响正常的生长发育。

（4）保证含维生素、矿物质食物（含水分多的蔬果：黄瓜、冬瓜、白萝卜、生菜、西红柿、西瓜；含纤维素多的蔬菜：芹菜、竹笋、菠菜、白菜、胡萝卜、蘑菇、海带、木耳）的摄入。水分和纤维多的蔬果热量低、体积大，可增加饱腹感，促进脂肪代谢，使脂肪难以堆积。吃整个蔬果，控制蔬果汁的摄入，3 岁以下婴儿每天不超过 120 mL，3 ~ 6 岁幼儿每天不超过 240 mL。

三、需要特殊照料期婴幼儿的饮食调理

生病期间的婴幼儿应继续进食，尽量保持原来的进食次数和内容，但不增加新的食物。饮食宜清淡，不要过于油腻。腹泻儿童应多喝水，多吃含水分丰富的食物，离园后不要饮用果汁及甜饮料。

婴幼儿进餐照护

一、操作程序

1. 体弱儿童的进餐照护

体弱儿童进餐时饭菜都要减少一点，多添几次，可以让他坐在食欲好的小朋友身边，激发他的食欲。保育员应用亲切的语言鼓励他多吃一点，并适当地喂他几口。对吃完自己那份食物的体弱儿童要及时给予表扬，使他有一种成就感，这样，下次进餐就会有更大的进步。为保证营养，保育员可以控制进餐顺序，先给他添某一类食物，等他吃完后再添另一类食物，如先吃完肉蛋禽鱼类食物，再继续吃完谷物、蔬菜、水果类食物。

2. 肥胖儿童的进餐照护

进餐时，改变肥胖儿童的进餐顺序。先给他分发汤，引导他先喝汤再吃蔬菜，保证适量的荤菜，最后是谷物类。进餐中通过语言引导其细嚼慢咽，减慢进食速度。

3. 食物过敏儿童的进餐照护

对于已明确食物过敏的孩子，要在其就座的座位贴上禁忌食物标签，分发代替食物时应再次确认无过敏食物。

4. 对特殊照料期儿童的进餐照护

进餐时，要针对生病孩子的实际情况给予照顾或指导，必要时提供特餐饮食，可以给他喂饭。

二、注意事项

做好个案记录，并与班级教师及家长实时沟通孩子的进餐情况。

培训单元 2　进餐时的饮食教育

➔ 能在进餐时根据不同季节蔬菜的营养特点进行饮食教育。

➔ 能针对孩子的个性化需求给予适当调整。

一、婴幼儿饮食教育的基本内容

婴幼儿的食物可分为以下五类，不同类别食物中富含的营养素见表 2–1。

表 2–1　不同类别食物中富含的营养素

营养素	谷薯类	蔬菜、水果类	畜、禽、鱼、蛋、奶类	大豆、坚果类
蛋白质			√	√
脂肪			√	√
碳水化合物	√			
膳食纤维	√	√		
维生素 A		√	√	
维生素 E				√
维生素 B_1	√		√	
维生素 B_2	√		√	
叶酸	√	√		
烟酸	√			
维生素 B_{12}			√	
维生素 C		√		
钙		√	√	√
镁	√	√		√

续表

营养素	谷薯类	蔬菜、水果类	畜、禽、鱼、蛋、奶类	大豆、坚果类
钾	√	√		√
铁	√		√	√
锌	√		√	√
硒			√	

1. 谷薯类

谷类是人类最理想、最经济的能量来源。谷类中的淀粉占70%～80%，其利用率较高；蛋白质占8%～12%，因谷类摄入量较多，所以谷类蛋白质也是膳食蛋白质的重要来源；脂肪含量较少，约为2%，玉米和小米可达到4%；由于食用量大，谷类是膳食中B族维生素的重要来源，其中维生素B_1、维生素B_2和烟酸含量较多。

薯类中碳水化合物含量为25%左右，蛋白质、脂肪含量较低，维生素C的含量较谷类高。常见的薯类有马铃薯（土豆）、甘薯（红薯、山芋）、芋头、山药和木薯。马铃薯中钾的含量非常丰富；甘薯中的胡萝卜素含量比谷类高，甘薯中还含有丰富的纤维素、半纤维素和果胶等，可促进肠道蠕动，预防便秘。

2. 蔬菜、水果类

蔬菜是β－胡萝卜素、维生素C、叶酸、钙、镁、钾的良好来源。据营养学家多年的研究发现，蔬菜营养价值的高低与其颜色有一定的关系。一般的规律是颜色越深，所含的胡萝卜素和维生素越多，营养价值越高。

在蔬菜中，营养价值较高的是绿色蔬菜，如菠菜、芹菜、韭菜、油菜、香菜、青花菜、小白菜等，主要含维生素B_1、维生素B_2和维生素C，以及丰富的胡萝卜素、微量元素。受光合作用的影响，叶类蔬菜的维生素含量一般高于根茎类和瓜菜类。维生素含量其次的是红色和黄橙色蔬菜，主要包括番茄、胡萝卜、红萝卜等，含有β－胡萝卜素，对抗癌有一定的作用，番茄中含有番茄红素，并含有丰富的维生素C。浅橙色、浅黄色以及白色蔬菜营养价值最低，如土豆、莴笋、花菜、茭白等，主要含水分和糖，维生素和胡萝卜素的含量较少。但白萝卜中含有丰富的维生素A、维生素C、淀粉酶、氧化酶、锰等元素。菌藻类（如口蘑、香菇、木耳、紫菜等）含有蛋白质、多糖、β－胡萝卜素、铁、锌和硒等矿物质，在海藻类中还富含碘。

水果种类很多，根据果实的形态和特性大致可分为浆果类（如葡萄、草莓等）、瓜果类（如西瓜、哈密瓜等）、柑橘类（如甜橙、文旦等）、核果类（如桃子、李子、冬枣等）、仁果类（如苹果、梨等）五类。多数新鲜水果含水量为85%～90%，水果富含维生素C、钾、镁和膳食纤维（纤维素、半纤维素、果胶）。

一般来说，水果中含碳水化合物较蔬菜高，为5%～30%，主要以双糖或单糖形式存在。水果中的有机酸能刺激人体消化腺分泌，同时对维生素C的稳定性有保护作用。一些水果含有丰富的膳食纤维，尤其含较多的果胶，有增加肠道蠕动的作用。

3. 肉、禽、鱼、蛋类

畜肉类包括猪、牛、羊等的肌肉和内脏。畜肉的肌色较深，故有“红肉”之称。畜肉蛋白质含量一般为10%～20%；脂肪含量较高，平均为15%；碳水化合物含量为0～9%，多数在1.5%。畜肉蛋白质氨基酸组成与人体需要较接近，利用率高，含有较多的赖氨酸，宜与谷类食物搭配食用。畜肉中的铁主要以血红素铁形式存在，消化吸收率很高。

禽类主要有鸡、鸭、鹅等。禽肉蛋白质含量为16%～20%，其中鸡肉含量最高，鹅肉次之，鸭肉相对较低；脂肪含量为9%～14%；维生素主要以维生素A和B族维生素为主。

水产类有鱼、虾、蟹、贝类。水产类食物含有丰富的优质蛋白质、脂类、维生素和矿物质。蛋白质含量为15%～22%；碳水化合物的含量较低，约1.5%；脂肪含量为1%～10%。含有一定数量的维生素，矿物质中以硒、锌、碘的含量较高。牡蛎和扇贝中锌的含量较多，河蚌和田螺中铁含量较多。鱼类脂肪多由不饱和脂肪酸组成，多为n–3系，且海水鱼类中的含量比淡水鱼类更为显著。

蛋类有鸡蛋、鸭蛋、鹅蛋、鹌鹑蛋、鸽子蛋等。蛋类蛋白质的营养价值很高，优于其他动物性蛋白质。蛋的营养成分大致相同。鸡蛋中的蛋白质含量为13%，脂肪为10%～15%，碳水化合物含量较低，约为1.5%；维生素含量丰富，种类齐全，包括所有B族维生素、维生素A、维生素D、维生素E、维生素K、微量维生素C；矿物质含量为1.0%～1.5%，其中以磷、钙、铁、锌、硒含量较高。鸡蛋所含的脂肪、维生素和矿物质主要集中在蛋黄中。胆固醇也集中在蛋黄中，每100 g可达1 510 mg。蛋黄中含有卵黄高磷蛋白，对铁的吸收有干扰作用，所以蛋黄中铁的生物利用率较低。

4. 奶类

奶类是一种营养成分丰富、组合比例适宜、易消化吸收、营养价值高的天然食品。奶类提供优质蛋白质、钙、维生素 B_2。奶中的乳糖能促进钙、铁、锌等矿物质的吸收。

酸奶常含有益生菌，经过发酵，酸奶保存了牛奶中的所有营养成分，但有益菌比牛奶多，更容易被人体消化吸收，有益于增强人体抵抗力、促进代谢、增强活力、帮助消化吸收、预防肠道感染，不会产生乳糖不耐受的现象，还不会像牛奶那样喝了容易腹胀。酸奶是膳食中钙和蛋白质的良好来源。

奶酪又称干酪，10 kg 左右的牛奶才能制作 1 kg 的奶酪。因此，奶酪的蛋白质、脂肪、钙、维生素 A、维生素 B_2 的含量是鲜奶的 7 ~ 8 倍。

5. 大豆、坚果类

大豆包括黄豆、黑豆和青豆。大豆制品通常分为非发酵豆制品（如豆浆、豆腐、豆腐干、腐竹等）和发酵豆制品（如豆豉、豆瓣酱、腐乳等）两类。

大豆含有丰富的蛋白质、不饱和脂肪酸、钙、钾和维生素 E。大豆中蛋白质的含量为 22% ~ 37%，必需氨基酸的组成和比例与动物蛋白相似，而且富含谷类蛋白质缺乏的赖氨酸，是与谷类蛋白质互补的天然理想食品。大豆中的脂肪含量为 15% ~ 20%，其中不饱和脂肪酸约占 85%，亚油酸高达 50%，且消化率高。大豆中碳水化合物含量为 30% ~ 37%。大豆含有丰富的钾，每 100 g 含钾 1 200 ~ 1 500 mg。由于大豆中的植酸含量较高，因此会影响铁和锌等矿物质的生物利用率。

坚果是富含脂肪和蛋白质的一种高能量食物。坚果富含矿物质、维生素 E 和 B 族维生素。大部分坚果中的脂肪酸以单不饱和脂肪酸为主，核桃和松子中多不饱和脂肪酸含量较高。葵花子、西瓜子和南瓜子中的亚油酸含量较高，核桃是 α－亚麻酸的良好来源。杏仁中维生素 B_2 含量较高，花生中烟酸含量较高。

二、不同季节蔬菜的营养特点

一般情况下，蔬菜在夏秋两季的营养都比冬春两季高。其中，比较典型的是南瓜。秋季上市的南瓜比春季上市的南瓜维生素 C 含量要高出很多，胡萝卜素含量高 3.4 倍，糖分高 27% ~ 89%，钾、钠、钙、磷、锌等微量元素的含量也明显高于春季。除了南瓜以外，秋季比春季营养价值高的蔬菜还有生菜、芥蓝等，其中两种重要的营养物质——硫甙和类黄酮的含量，秋天比春天更为丰富。

有些夏季上市的蔬菜营养价值比冬天高。最典型的是西红柿、黄瓜和胡萝卜。研究证明，夏季上市的西红柿和黄瓜中维生素 C 含量是冬季的 2 倍左右，胡萝卜中的胡萝卜素含量 6 月是隆冬时节的 1.5 倍。

蔬菜营养为什么会随季节而变化呢？这主要是因为冬春季节的蔬菜大多为大棚或玻璃温室内种植，而夏秋季节的蔬菜多是露天种植，二者的光照有很大的不同。蔬菜营养价值的高低与光合作用关系密切，夏天生长的蔬菜光照充足，光合作用强，有利于其中叶绿素、维生素和其他营养素的积累和转化。同时，露天种植有利于促进植物的代谢和从土壤中吸收养分，能增加蔬菜中的矿物质含量。

相反，冬春季节在大棚或温室中种植的蔬菜，一方面，因通风不好导致蔬菜表面水分蒸发减少，相应地从土壤中吸收的矿物质也随之减少；另一方面，冬春季节大棚或温室中生长的蔬菜，农药含量比夏秋季节高。这主要是因为大棚或温室中气温较高、湿度大，蔬菜病虫害比较严重，导致农药使用量加大。而大棚或温室光照不强、通风不好，不利于农药降解，使其大部分残留在蔬菜上。

蔬菜营养价值的变化不仅和季节有关，还和不同蔬菜的种类有关，因此很难一一说清。不过，夏秋是大部分蔬菜的收获季节，这时候，多吃应季蔬菜，是补充营养的大好时机。而冬春季节，大部分蔬菜的营养价值都比较低，就更要多吃以摄入足够多的营养。

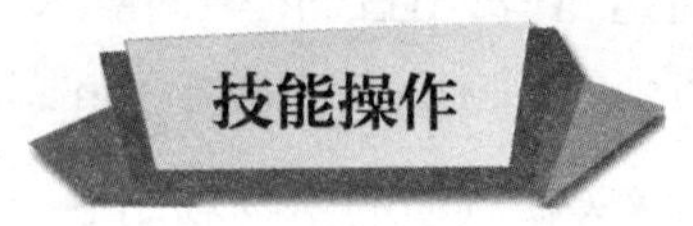

饮 食 教 育

一、操作程序

1. 在进餐时根据不同季节蔬菜的营养特点进行饮食教育

保育员在餐前打好一份饭菜，组织孩子们进行餐前菜谱介绍，并请他们根据闻到的香味猜猜今天将吃些什么菜、喝些什么汤。通过闻一闻、猜一猜、说一说等一系列活动，孩子们往往很容易被食物的色香味所吸引，有效地激起食欲。这个过程还蕴藏着丰富的教育资源，保育员可以进一步讲解这些食物的营养成分对人体的好处，帮助孩子们改善不良的饮食习惯，从而达到均衡地摄取营养、拓展知识和体验的目的。

2. 针对孩子的个性化需求给予适宜的调整

坚持少盛多添的原则。孩子一般对盛饭、添饭都很感兴趣，每添一次都会觉得很自豪，可以增加孩子的信心。

多给予鼓励，激励孩子今天能吃一小口，明天争取再多吃一口，循序渐进地帮助个别挑食的孩子逐渐克服不良习惯。

同时可以将肥胖儿童和营养不良儿童安排在同一桌上进餐，以起到相互督促的作用。

二、注意事项

1. 食道异物的妥善处理

婴幼儿由于神经系统不尽完善，调解机制较差，如果没有养成良好的进餐习惯和秩序，在吃饭时老讲话、打闹、不专心就容易将食物卡在咽部。发生这种情况后不要用土方法，如让孩子吃口饭然后强行咽下，这样会划伤食道，引起其他疾患。正确做法是在第一时间带他到保健室处理，或及时就医。

2. 气管异物的妥善处理

如果孩子被食物呛到，在一不留神或讲话时会突然卡到气管里，这时，要迅速将孩子倒提起来，双手提住孩子小腿，拍打背部令其咳嗽、呕吐出来。食物呛到气管是非常危险的，有时瞬间就会夺去孩子生命。应边急救边喊保健医生，并及时送往医院。

培训项目 2 盥洗、如厕管理

培训单元 1　小便异常的发现与处理

➔ 掌握婴幼儿小便异常的表现及原因。

➔ 能观察并及时发现婴幼儿小便的异常。

➔ 能针对婴幼儿小便的异常情况进行处理。

一、尿频的症状、原因及处理方法

1. 尿频的症状及原因

（1）婴幼儿尿频的症状

婴幼儿尿频是指白天尿急，每 10 ~ 20 min 排尿 1 次，没有烧灼感和尿失禁症状，也无排尿困难，多见于 3~8 岁的儿童，特别是春秋季节易发生。通常情况下，尿频是一次历时大约 6 个月的良性自限性的病程。然而，对于这种尿频的孩子需要进行临床调查以排除其他病理原因，不同原因引起的尿频其症状是不一样的。

（2）婴幼儿尿频的原因

引起婴幼儿尿频的因素有以下几个方面。

1）饮食因素。饮食是首先要考虑的一个因素。如果婴幼儿吃了含有丰富水分的食物，如西瓜、菜汤等，或是吃了过咸的食物或运动后喝了大量的水，都会引起尿频。但这种尿频的症状是排尿次数多，同时尿量也多。

2）季节因素。冬季天气寒冷，毛孔收缩，排尿次数会明显增多，而炎热的夏季，人体可通过汗毛孔蒸发体内的水分，排尿次数自然较寒冷季节减少，这都属于正常现象。

3）生理因素。由于婴幼儿年龄小，膀胱逼尿肌发育不良、神经不健全也会导致尿频。随着年龄的增长，生理器官逐渐发育成熟后，尿频症状自然就会消失。

4）心理因素。婴幼儿在精神受到刺激，如紧张或受到斥责的情况下会出现尿频和尿急的现象。多表现为排尿次数增多，但每次尿量很少，没有其他不适的症状。这种情况一般不需要治疗，只要精神放松就会不治自愈。

5）疾病因素。有些疾病也会出现尿频的现象，如当婴幼儿在尿频的同时出现尿急、尿痛，甚至发热等症状，多是尿路感染造成的。如果尿频并伴有口渴多饮、逐渐消瘦的症状，应及时到医院进行尿液检查。

2. 尿频的处理方法

当婴幼儿出现尿频时，保育员应查明原因，并做出正确的处理。

（1）如果是由于饮食方面的因素引起的尿频，保育员应做相应调整，适当减少食物中汤菜的数量，不要让孩子喝过量的水。

（2）如果是由于生理或季节因素引起的尿频，保育员不必过于担心，只需正确指导孩子及时排尿就可以了。此时千万不要过多干预，否则孩子会因精神紧张加重尿频症状。

（3）如果是由于心理方面的因素引起的尿频，保育员应采取温和的言语、态度，不训斥、不责骂，耐心对待，使孩子精神放松。

（4）如果是由于疾病方面的因素引起的尿频，保育员应及时与家长沟通，及时到医院进行相应的治疗，不要贻误病情。

二、尿黄的症状、原因及处理方法

1. 尿黄的症状及原因

（1）婴幼儿尿黄的症状

正常情况下，婴幼儿的尿液应呈淡黄色、透明状。尿液中的色素主要来自于尿黄素及少量的尿胆素和尿红质，这些物质都是机体新陈代谢的产物。如果发现婴幼儿的尿液呈现深黄色或浑浊不透明状，保育员要引起注意，分析尿黄的原因。

（2）婴幼儿尿黄的原因

婴幼儿尿黄的原因通常可以归结为以下几个方面。

1）饮水因素。婴幼儿尿黄首先要考虑的是饮水量问题。婴幼儿新陈代谢旺盛，出汗多，水分消耗大，需求量也大，饮水量不足就容易导致尿黄。如果孩子没有其他不适，及时补充水分，提供符合国家《生活饮用水卫生标准》的生活饮用水，保证按需饮水即可。每日上、下午各 1 ~ 2 次集中饮水，1 ~ 3 岁婴儿每次饮水 50 ~ 100 mL，3 ~ 6 岁幼儿每次饮水 100 ~ 150 mL，并根据季节变化酌情调整饮水量，尿黄的症状就会减轻。

2）饮食或药物因素。如果食用了含维生素 B_2、胡萝卜素等脂溶性营养素的食物或药物，婴幼儿也会出现尿黄现象，一旦停止服用，症状即可消失。

3）疾病因素。有些疾病（如泌尿系统感染、肝炎、微量元素缺乏症等）也能导致婴幼儿尿黄的症状。如果伴随着尿黄的同时还出现皮肤发黄、肢体无力、精神不佳、食欲下降等症状，则有可能患有某种疾病。要及时就医，进行尿常规等方面的检查，查明原因，对症治疗。

2. 尿黄的处理方法

婴幼儿出现尿黄症状时，保育员应及时给孩子补充水分，调整其饮食，多吃新鲜的瓜果蔬菜。如果症状没有减轻或消失，就要考虑是否有其他疾病导致的尿黄，此时保育员应及时与家长联系，带孩子及早治疗。

三、尿血的症状、原因及处理方法

1. 尿血的症状及原因

（1）尿血的症状

尿液中带血即为血尿，又称尿血。尿中红细胞排泄增多，轻者仅在显微镜下看到红细胞增多，重者尿液外观呈洗肉水样或含有血凝块。

（2）尿血的原因

造成血尿的主要原因是泌尿系统疾病。人的尿液是在肾脏里生成后，经肾盂、输尿管、膀胱、尿道排到体外。其中任何一个器官产生病灶出血都会引发血尿，尿路感染、肾炎、膀胱炎等疾病都会出现尿血症状。此外，白血病、红斑狼疮、坏血病、肿瘤等全身性疾病也可以引起血尿。血尿的病因很复杂，有的病情十分严重，所以出现血尿应立即就医，查明原因，积极治疗。

2. 尿血的处理方法

当身体内有炎症或其他疾病的时候，就容易出现尿血的现象。通常出现尿血的症状时都是病情比较严重的情况，保育员平时应注意观察婴幼儿小便的情况，一旦发现尿血现象，应请家长带孩子及时就医。

婴幼儿遗尿后的处理

一、操作程序

1. 及时更换尿湿衣物

当孩子尿湿衣物时，不可训斥或责骂，应及时带其到教室隐蔽处，脱下尿湿的衣物。

2. 擦净身体

使用温毛巾或湿纸巾擦拭残余尿液，给孩子清洁身体。

3. 更换清洁衣物

更换备用的清洁衣物。

4. 尿湿衣物处理

使用尿湿衣物清洗专用盆、专用手套，清洗衣物并晒干，离园时告知家长情况并将尿湿衣物带回。

二、注意事项

1. 更换衣物、清洁身体时注意保暖，可使用小毛巾或小毯子保暖。
2. 更换衣物时注意安全，不要让孩子站在椅子上等危险处。

培训单元 2　大便异常的发现与处理

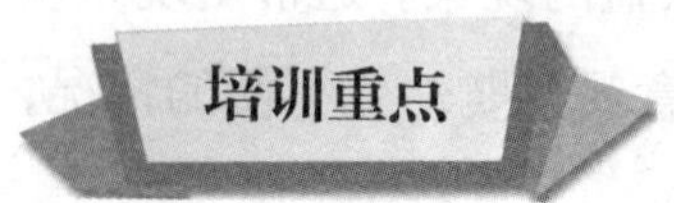
培训重点

➔ 掌握婴幼儿大便异常的表现。

➔ 能观察并及时发现婴幼儿大便的异常。

➔ 能针对婴幼儿大便的异常情况进行处理。

知识要求

一、大小便的观察记录

在园期间需保育员观察并记录婴幼儿大小便次数，如出现异常，准确记录其颜色、性状等。具体记录表格可参见表 2–2。

表 2–2　大小便观察记录

日期		周一		周二		……	
编号	姓名	小便次数	大便次数	小便次数	大便次数	小便次数	大便次数
1	张三	4	0				
2	李四	4	1 稀				

二、婴幼儿腹泻的症状及处理方法

腹泻是婴幼儿时期常见的胃肠道疾病，多在夏秋季节发病，如不及时治疗会严重危害婴幼儿的身体健康。导致婴幼儿腹泻的原因有很多，保育员应掌握婴幼儿腹泻的原因，并做出正确的照护处理。

（1）如果大便呈糊状，带有腐臭味，说明孩子因进食过多而导致消化不良，保育员只要调节好饮食就可以了。

（2）如果大便呈蛋花样的稀水状，而且大便次数明显增多，但没有其他不适的症状，这说明孩子可能食用了不洁或变质的食物，导致急性肠炎。此时保育员需要立即联系家长，将患儿送到医院，及时进行治疗。

（3）如果大便呈蛋花样但没有臭味，则有可能是感染了病毒。如果是脓血便，应考虑是否感染菌痢。此时保育员需要立即联系家长，将患儿送到医院，及时进行治疗。

（4）婴幼儿腹泻时应及时补充水分，防止脱水，饮食方面要注意提供温热、易消化的饭菜，同时注意对于腹泻症状严重的孩子及时送往医院诊治。

三、婴幼儿便秘的症状及处理方法

1. 婴幼儿便秘的症状

便秘的常见症状是粪便干硬、排便次数明显减少，通常是 2～3 天或更长时间排便一次，没有规律，并伴有排便困难的现象，排便困难严重的会出现肛门出血的情况。也有的便秘患儿的粪便前干后软，大便次数较多，但总是有便意却排不干净。

2. 婴幼儿便秘的处理

保育员要从多方面着手，处理婴幼儿便秘情况。

（1）养成良好的饮食习惯

婴幼儿的饮食应多样化，食物注意粗细搭配、荤素搭配，多吃蔬菜瓜果，多吃富含纤维素和矿物质的食物。进食量不能太少。

（2）养成良好的排便习惯

造成婴幼儿便秘的一个主要原因就是因贪玩而忘记上厕所，此时需要成人的提醒，所以，帮助婴幼儿养成定时排便的习惯非常重要。可以选择早上起床或早餐后 1 h 作为固定排便时间。在排便前可以先给孩子喝杯果汁或蜂蜜水，以此起到润肠排便的作用。

（3）减少药物影响

避免长期服用引起便秘的药物，如葡萄糖酸钙、碳酸钙、氢氧化铝等。当婴幼儿便秘时，尽量不要借助于泻药，以免形成药物依赖。

（4）加大运动量

适度的运动可以促进胃肠蠕动，有利于婴幼儿排便顺畅。

（5）保育员正确对待婴幼儿的排便

当孩子出现便秘时，保育员应创造良好的排便氛围，切不可训斥、责备，表现出厌烦情绪，而应用和蔼亲切的话语鼓励孩子排便，以减少孩子的心理压力。当孩子排便成功时，保育员要及时地给予肯定和表扬，帮助他树立起排便的信心。

四、婴幼儿患痢疾的症状、原因及处理方法

痢疾分普通型细菌性痢疾和中毒型细菌性痢疾两种。

1. 痢疾的症状及原因

普通型细菌性痢疾多由食用不洁食物引起。患儿可出现发热、腹痛、腹泻等症状，排泄物呈黏液或脓血样大便，便后有下坠感。

中毒型细菌性痢疾是以中毒症状为主的细菌性痢疾。该病起病急，患儿常有高热、抽搐、畏寒、呼吸不畅等症状。腹泻症状虽出现较晚，但腹泻频繁，里急后重感明显，可加重脱水和酸中毒的症状。

2. 婴幼儿患痢疾的处理方法

对普通型细菌性痢疾应做好预防工作。平时教育婴幼儿不要吃不清洁的食物，养成饭前便后洗手的良好习惯。

中毒型细菌性痢疾发病后应及时治疗，否则会有生命危险。治疗主要是抗感染，维持机体的水、电解质平衡，纠正酸中毒。

如果患了细菌性痢疾要积极治疗。如果治疗不彻底，病程延长就会转为慢性痢疾。慢性痢疾长期不愈，很容易引起营养不良、佝偻病、贫血等其他疾病。

遗粪后的处理

一、操作准备

1. 物品准备

遗粪衣物清洗专用盆、专用手套、漂白粉、含氯消毒片、搅拌棒、消毒液配制桶、专用毛巾等。

2. 自身准备

穿着轻便合适的服装，佩戴口罩、专用手套。

二、操作程序

1. 婴幼儿护理

（1）及时脱下遗粪衣物。当孩子遗粪时，不可训斥或责骂，应及时带孩子到教室隐蔽处，脱下脏衣物。

（2）擦净身体。使用温毛巾或湿纸巾擦净残余粪便，为孩子清洁身体。

（3）更换备用清洁衣物。

（4）遗粪衣物处理。使用遗粪衣物清洗专用盆、专用手套，清洗衣物并晒干，离园时告知家长情况并将脏衣物带回。

2. 异常排泄物处理

（1）配制消毒液。配制 1 000 mg/L 含氯消毒液备用。优氯净规格一般为每包 5 g，有效氯含量 55% ~ 65%。实际使用时按有效氯浓度 50% 计算，每包优氯净有效氯为 2.5 g，即 2 500 mg，1 包优氯净应加水 2 500 mg ÷ 1 000 mg/L=2.5 L。

（2）处置排泄物。倒入 1∶20 漂白粉充分搅拌均匀，加盖消毒 1 h 后冲走。

（3）消毒便器。用 1 000 mg/L 含氯消毒液擦拭便器，保持 30 min。

三、注意事项

1. 在更换衣物、清洁身体时应注意保暖，可使用小毛巾或小毯子保暖。

2. 更换衣物时注意安全，不让孩子站在椅子上等危险处。

3. 关注孩子心理，不训斥、不责骂；注意隐私，不大声喧哗，在隐蔽处更换衣物。

4. 优氯净使用注意事项：

（1）优氯净属于含氯消毒剂，性质不稳定，应避光、防潮、密封保存。溶于水后水解为次氯酸，消毒液配制时测定有效氯浓度。

（2）调配和使用时应开窗，保持空气流通。由于消毒剂有刺激性，最好佩戴口罩、专用手套进行操作。

（3）消毒好的物品应以清水冲洗及擦干，以免对物品表面产生腐蚀性。

（4）配制好的消毒液应当天使用。

（5）如消毒液不慎碰触眼睛，应立即用清水冲洗。

5. 注意自身防护，佩戴口罩、专用手套等。

培训项目 3 睡眠观察

培训单元 1　睡眠中婴幼儿的身体异常及其处理

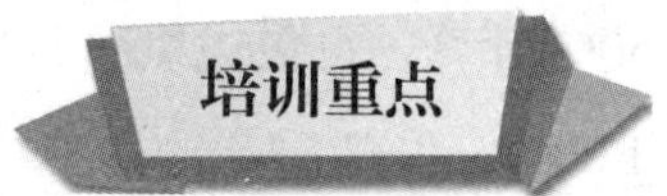

- 掌握婴幼儿睡眠中身体异常的原因及表现。
- 能发现婴幼儿睡眠中的身体异常情况并正确处理。

婴幼儿睡眠中常见的身体异常状况有鼻出血、咳嗽、打鼾和磨牙，不同的身体异常情况有不同的表现和处理方法。

一、鼻出血

鼻出血在婴幼儿时期常见，有时发生在活动玩耍中，有时发生在睡眠过程中。婴幼儿的鼻出血大多发生在鼻中隔前下方，这里的位置比较靠前，而且黏膜很薄，有丰富的毛细血管，是鼻腔易出血区。

引起婴幼儿鼻出血的原因有很多，大体可概括为以下几个方面的因素，见表 2–3。

表 2-3 婴幼儿鼻出血的原因及处理方法

出血因素	出血原因	处理方法
鼻外伤	婴幼儿的鼻腔黏膜很薄，用力抠鼻子、擤鼻涕时都会对鼻腔黏膜造成损害，导致鼻出血	睡眠中发现婴幼儿流鼻血时，保育员一定要保持镇定，第一时间进行处理。先用拇指和食指压住孩子的鼻翼两侧，压向鼻中隔部位。同时，将湿毛巾放在孩子的额头上进行冷敷。一般持续 5 ~ 10 min，鼻血就会止住。然后用干净的纸巾或湿巾将流出的鼻血擦拭干净。如果鼻血流到枕巾、被褥或孩子的衣服上，保育员应帮忙更换，并在孩子起床后及时清洗。在止血的过程中，保育员还应做好孩子的安抚工作。告诉孩子不要紧张，更不能大哭大闹，要张嘴呼吸。如果此方法无效，鼻血越流越多，就要及时寻求帮助，必要时送医院进行治疗
气候因素	秋冬季节气候干燥，容易使鼻黏膜结痂，这时如果用力抠鼻子就很容易造成鼻出血	
体质因素	有些婴幼儿属于中医称之为内火过旺的体质，一旦上火，自然就上攻到鼻腔，而婴幼儿的鼻腔内毛细血管很细，极易造成鼻出血	
疾病因素	有时鼻出血也是某种疾病的表现症状之一，如各种鼻腔感染都会因黏膜发生病变而使血管受损导致鼻出血。此外，婴幼儿鼻出血还是流行性感冒和呼吸道疾病的预兆	
鼻腔异物	婴幼儿出于好奇，将瓜子、玩具的细小零件等物品塞到鼻腔内，形成感染导致黏膜糜烂出血	
维生素缺乏	当婴幼儿体内缺少某种维生素（如维生素 C、维生素 B 等）和钙质时也容易出现鼻出血的现象	
遗传因素	有些婴幼儿鼻出血是由家族遗传造成的，如患有遗传性毛细血管扩张症的孩子鼻出血的症状比较常见，但病因比较复杂，所以，发现婴幼儿鼻出血后在积极处理的同时，还要查明原因，不要贻误病情，给身体健康造成危害	

二、咳嗽

1. 婴幼儿咳嗽的原因

咳嗽在婴幼儿时期常见。引起婴幼儿咳嗽的原因有很多，主要包括以下几个方面。

（1）感冒

无论是普通感冒还是流行性感冒，炎症或病毒一旦到达呼吸道就会引起咳嗽。

（2）过敏

有的婴幼儿属于过敏体质，经常对某种物质产生过敏反应，一旦接触到该物质就会持续不断地剧烈咳嗽，呈反复性、阵发性发作。

（3）冷空气

秋冬季节，天气寒冷、干燥，婴幼儿在室外活动时会吸入冷空气，呼吸道黏膜很容易受到冷空气的刺激，出现充血、水肿等症状，引发咳嗽反射。如果病情持续时间过长，就会继发病毒或细菌感染，使病情加重。

（4）饮食

婴幼儿吃得过咸、过甜，或吃辛辣的食物都容易诱发咳嗽。如果婴幼儿已经出现咳嗽症状但仍不注意合理饮食的话，就会加重咳嗽症状。

2. 婴幼儿睡眠中出现咳嗽的处理方法

（1）婴幼儿在睡眠中出现咳嗽症状时，保育员可以将其头部抬高或让孩子坐起来，按照自下而上的顺序轻敲背部。这样可以帮助孩子将痰咯出，从而有效缓解咳嗽症状。也可以给孩子倒半杯温开水，提醒其小口喝下。

（2）在睡眠过程中，保育员要帮助孩子不时调换睡姿。一般以侧卧为宜，这样有助于呼吸道分泌物的排出。

（3）平时做好预防。为了预防咳嗽，保育员在日常婴幼儿的照料方面应做好以下几点：

1）保证充足的睡眠。睡眠不足不仅能够影响婴幼儿的生长发育，而且会降低婴幼儿的抵抗力，容易致使婴幼儿患感冒。反复感冒引发的咳嗽是最主要的原因。

2）保证充足的水分。有些婴幼儿属于内火过旺的体质，只要上火就会出现咽喉部炎症。平时让这些孩子多饮水，及时补充体内需要的水分，可以起到降火的作用，同时保持咽喉部湿润，减少咳嗽发生的隐患。

3）保证合理饮食。婴幼儿的饮食要科学、合理，口味应以清淡为主。

4）加强锻炼，提高婴幼儿的身体素质。保证婴幼儿室外活动的时间和次数，尤其是在寒冷季节，更要组织婴幼儿到户外进行体育锻炼。通过锻炼让婴幼儿逐渐适应天气的变化，经受冷空气的刺激，从而提高抵抗疾病的能力。

三、打鼾

1. 婴幼儿打鼾的原因

婴幼儿睡眠中打鼾的原因可以归结为四个方面：

（1）呼吸道不畅通

婴幼儿鼻腔和咽喉部相对狭窄，黏膜柔嫩，血管丰富，很容易被分泌物或因黏膜肿胀而堵塞，呼吸道不畅通自然就会打鼾。

（2）睡姿不良

婴幼儿睡姿不好时容易打鼾。如面部朝上，仰卧在床上的姿势会使舌根向后倒，这样会阻塞咽喉处，当气流进出鼻腔、口咽和喉咙时，就会因气流不畅导致附近黏膜或肌肉产生振动而发出鼾声。

（3）疾病影响

某些疾病也是导致打鼾的原因，如鼻腔炎症、扁桃体肥大、腺样体肥大等疾病很容易使婴幼儿的呼吸道阻塞而产生鼾声。

（4）其他因素

长期打鼾与遗传因素有一定关系。此外，肥胖也是导致婴幼儿打鼾的一个重要因素。

2. 婴幼儿睡眠中打鼾的处理方法

婴幼儿出现打鼾时，应按以下方式进行处理：

（1）养成良好的睡姿，对于打鼾的孩子来说可让其采取侧卧的姿势。

（2）及时治疗疾病。有些疾病引起的打鼾能够严重影响婴幼儿的睡眠质量和身体健康，这种情况下应及时就医，采取手术等措施帮助孩子减轻痛苦。

（3）对于因肥胖引起的打鼾，只要能控制孩子的体重，使其口咽部的软肉瘦些，呼吸道通畅了，鼾声自然也就消失了。

四、磨牙

睡眠过程中，上下牙齿咬动发出咯吱咯吱的响声，就是人们平时所说的磨牙。这种现象在婴幼儿时期比较多见。

1. 婴幼儿睡眠中磨牙的原因

（1）精神因素

婴幼儿在睡前精神过于兴奋、身体过于疲劳或者受到惊吓，都会使大脑皮层的兴奋和抑制过程受到影响而失去平衡，导致咀嚼肌不规律地收缩而产生磨牙现象。

（2）肠道寄生虫病

婴幼儿肠道内的寄生虫在其睡眠时活动频繁，分泌毒素刺激肠道，使之蠕动加快，引起消化不良，进而导致婴幼儿腹痛、睡眠不安，如果毒素刺激到神经产生兴奋就会引起磨牙。

（3）营养不均衡

有些婴幼儿因挑食、偏食的不良习惯而使摄入体内的营养物质不均衡。当体内缺乏某种维生素或某种微量元素时，睡眠过程中就会引起咀嚼肌不自主地收缩，导致磨牙。

（4）疾病因素

慢性牙周炎、佝偻病、换牙期牙齿发育不良引起的牙齿咬合障碍等都会引起磨牙。

2. 婴幼儿睡眠中磨牙的处理方法

婴幼儿出现磨牙情况，应按以下方式处理。

（1）保持良好的精神状态

白天的活动量要适宜，不要让孩子过于兴奋。睡前不要讲恐怖故事，应给孩子营造良好的睡眠环境。

（2）服用药物

如果孩子的肠道内有寄生虫，建议家长遵医嘱给孩子服用驱虫药，及时驱虫。

（3）合理饮食

培养孩子良好的饮食习惯，做到不挑食、不偏食，饮食清淡、易消化。

（4）做好口腔的卫生保健

对于换牙期的孩子，要注意做好口腔的卫生保健工作。儿童换牙期对外界刺激比较敏感，牙齿可塑性比较强，需要注意以下几个方面。

1）保持口腔清洁，选择柔软牙刷，每天早晚刷牙，尽量避免过度吃甜食。

2）避免用牙齿咬硬物，以免牙齿变形、不齐、长歪等。

3）注意预防龋齿。定期进行口腔保健，进行患龋风险的评估。同时防范不良习惯，如咬嘴唇、咬舌头、舔嘴唇、伸舌头、吸吮手指、啃指甲等，这些不良习惯都可能造成在换牙期出现牙列不齐、咬合错乱和面部不对称等畸形，进而影响牙齿功能和面部的美观。保育员和家长需要注意矫正孩子的这些不良习惯。

睡眠中婴幼儿身体异常的应对

一、操作程序

1. 查看睡眠情况

定时查看整体睡眠情况，关注个别孩子。

2. 初步判断孩子的身体情况

观察孩子出现的异常行为，初步判断异常行为的特征。

3. 寻求支持和帮助

告知班级教师，寻求协助，第一时间通知保健医生寻求帮助。

二、注意事项

1. 加强睡眠中的巡视，逐个查看，及时发现异常。

2. 及时按正确的处理方式和流程进行处理，及时与班级教师沟通，注意家园联络。

培训单元 2　睡眠中婴幼儿的行为异常及其处理

➔ 掌握婴幼儿睡眠中行为异常产生的原因及表现。

➔ 能发现婴幼儿睡眠中的异常行为并能正确处理。

婴幼儿睡眠中常见的行为异常有习惯性阴部摩擦、夜惊或梦游、梦魇、吮吸手指和恋物倾向。

一、习惯性阴部摩擦

习惯性阴部摩擦是婴幼儿阶段比较常见的一种现象，表现为婴幼儿有意无意地抚摸自己的外生殖器官，用力来回摩擦或使劲地挤压以获得某种快感的一种行为。

1. 习惯性阴部摩擦的原因

（1）孩子穿的裤子过紧或生殖器瘙痒引起刺激，不自觉地去抓挠、抚弄。

（2）精神紧张、焦虑或孤独、无所事事也是引起婴幼儿玩弄生殖器的一个主要原因。

（3）成人逗弄婴幼儿的生殖器，使得孩子也把生殖器当作玩具。

2. 习惯性阴部摩擦的处理方法

触摸或玩弄生殖器是婴幼儿时期比较常见的一种行为，尤其在入睡前更为多见。保育员应正确对待婴幼儿的这种行为并给予正确的引导。

（1）建议家长给孩子穿着宽松、舒服的衣裤，以减少对局部的刺激。

（2）保持婴幼儿生殖器官的清洁、干爽。建议家长平时给孩子勤洗澡，养成小便后用卫生纸擦拭、大便后用清水清洗的良好习惯。

（3）睡眠时，将孩子的双手放在被子外面，待睡熟后再放进被子里。

（4）对待婴幼儿的态度要温和，当孩子出现这种行为的时候，可以通过转移注意力的方法来阻止不良行为，切不可斥责、打骂。如果引导教育不当，会给孩子留下心理阴影，影响其性格发展。

（5）发现孩子玩弄生殖器的行为后，保育员与教师要及时和家长沟通并取得家长的配合，逐渐纠正孩子的这种行为。

二、夜惊或梦游

1. 夜惊和梦游的表现

夜惊和梦游都属于睡眠障碍，是深度睡眠中的不完全清醒状态，多发于儿童，可以发生在儿童期的各个阶段。夜惊发作一般出现在前半夜，即入睡后 1 ~ 4 h，表现为睡眠过程中突然大喊大叫，烦躁不安，面部表情紧张，意识不清，同时可见患儿面色苍白、呼吸急促，持续 1 ~ 2 min 后能继续入睡，醒后遗忘或只有片刻记忆。梦游是指在睡眠中突然下床来回走动，做一些简单或机械的动作，如穿鞋、爬窗户、开门、拉抽屉等。患儿精神恍惚，动作笨拙，通常持续 5 ~ 30 min，醒后完全不记得所发生的事情。

2. 夜惊和梦游的处理方法

婴幼儿的夜惊与梦游通常会随着年龄的增长而自然消失，一般情况下不需要进行药物治疗。作为保育员，应做好婴幼儿夜惊或梦游的预防工作。如睡前不给婴幼儿讲述恐怖故事，让他们轻松愉悦地自然入睡。夜惊或梦游往往反映出来的是婴幼儿的精神焦虑状态，保育员应密切观察婴幼儿的表现，加强与患儿家长的沟通，及时掌握患儿的心理状态，进行相应的心理疏导。当夜惊或梦游发作时，保育员应沉着镇静，看护好患儿，防止发生意外。发作过后，保育员应帮助患儿盖好被子，让其重新睡好。

特别要注意的是，有些婴幼儿的夜惊或梦游是癫痫病发作的早期症状，还有的是偏头痛的症状之一。保育员应对婴幼儿的夜惊或梦游做出正确的判断，建议家长带孩子到医院做进一步的检查。

三、梦魇

有些婴幼儿在睡眠过程中会突然坐起或出现大哭大闹等异常行为。当婴幼儿出现这些表现时，通常是做噩梦了。婴幼儿偶尔出现梦魇是一种正常的睡眠现象，但如果经常出现这种状况，保育员就要注意了。

1. 梦魇的原因

婴幼儿梦魇产生的原因大多是由情绪不佳（如焦虑、恐惧、紧张）等心理因素导致的。

2. 婴幼儿发生梦魇的处理方法

（1）保育员应注意在睡觉前安抚婴幼儿的情绪，不批评、不训斥，不给婴幼儿讲恐怖故事或看情节惊险的动画片，尽量让婴幼儿保持稳定的情绪入睡。

（2）在睡眠过程中，当婴幼儿因梦魇而出现大哭大闹的行为时，保育员要及时给予安抚，或将孩子抱起，减少他的恐惧感，抚慰其安然入睡。

四、吮吸手指

1 岁左右的婴儿吮吸手指是一种生理性的吮吸反射，属于正常现象。随着年龄的增长，吮吸手指的行为会自然消失。如果到幼儿期（3 ~ 6 岁）仍然存在吮吸手指的现象，就属于一种问题行为了。这就需要保育员了解这种行为产生的原因并进行妥善处理。

1. 吸吮手指的原因

导致幼儿吮吸手指行为的原因有以下三个方面。

（1）生理因素

婴幼儿对吮吸有一种天生的需要，如果口唇期的吮吸欲望得不到满足，他就会想办法满足自己，所以，婴幼儿在疲劳、睡眠或无所事事的时候就会吮吸自己的手指，这是一种替代或安慰。

（2）精神因素

教育方法不当，成人斥责过多，孤僻、焦虑等精神方面的因素都会使婴幼儿以吮吸手指的方法达到自娱自乐、引起成人关注的目的。如有的家长或老师偶尔看到孩子有吮吸手指的行为后不是因势利导，而是严厉斥责，或听之任之，这两种极端的态度都会强化他吮吸手指的行为，最终形成痼癖。

2. 婴幼儿吸吮手指的处理方法

吮吸手指不仅影响婴幼儿牙齿的正常生长，而且会使手指脱皮、肿胀甚至变形。同时，手上的细菌或病毒会吃到嘴里，危害婴幼儿的身体健康。所以，针对婴幼儿吮吸手指行为产生的原因，保育员可以采取相应的措施，有针对性地进行教育引导，帮助孩子改掉不良的行为习惯。

（1）给婴幼儿营造一个温馨、安静、宽松的睡眠环境。

（2）多给孩子一些关爱，让他感受到爱的气息。

（3）对性格孤僻、内心焦虑的孩子要特别给予关注，引导他多参加集体活动，转移他的注意力，让他感受到活动的快乐和集体的温暖。

（4）对待婴幼儿的态度要和蔼可亲，一旦发现吮吸手指的行为既不能一味斥责，也不能不闻不问。必要时可联系家长，取得他们的配合。

五、恋物倾向

恋物倾向是指婴幼儿在生活中，尤其是睡眠时特别依恋某个物品（如布娃娃、毛巾、毛绒玩具、小手帕等）而养成的一种经常性的习惯倾向。这种习惯倾向在婴幼儿时期比较常见，多发生于睡眠过程中。

1. 婴幼儿恋物倾向的原因

（1）婴幼儿的恋物倾向是其身心发展的需要

0 ~ 6 岁是婴幼儿感觉发展的敏感期。在这一时期成人应该给予婴幼儿更多的抚摸接触，在刺激其感觉器官得到良好发展的同时也促进情感的发展，从而有利于婴幼儿健全人格的形成。如果在感觉发展的敏感期缺少了成人的爱抚，婴幼儿就会缺乏安全感和信任感，就会从对物体的抚摸、摩擦中寻求肌体刺激，从而促进感知觉和自我抚慰能力的发展。因为这种行为能够给婴幼儿带来快感，释放紧张情绪，所以容易重复而形成习惯性行为。

（2）婴幼儿的恋物习惯倾向是其社会性发展的需要

随着年龄的增长，婴幼儿有了与他人交往的要求，这说明孩子的社会性有了进一步的发展。而如今大多都是独生子女家庭，孩子没有自己的玩伴，在这种孤独的状态下，孩子很自然地把与他关系最密切、接触最多的玩具、毛巾、被子等假想为自己的亲密伙伴，日久生情，就会对这些物品产生依恋。一旦失去了这些依恋物，就会哭泣、烦躁，不能安静入睡。

2. 婴幼儿恋物倾向的处理方法

有研究表明，有恋物倾向的婴幼儿社会性较差，容易产生交往障碍，很难融入集体生活，不易养成良好的睡眠习惯。所以，针对婴幼儿的恋物倾向，保育员应采取以下相应的措施。

（1）与孩子建立良好的关系

保育员应该给有恋物倾向的孩子更多的关爱，经常用温柔的目光、亲切的话语与孩子进行交流，不训斥、不嘲笑、不讽刺挖苦，以宽容的心态帮助他改正不良的行为习惯。经常给恋物倾向的孩子以亲吻、爱抚，及时了解他的身心感受和需求，与其建立亲密的关系，让他产生安全感、信任感，继而把对某种物品的依恋转移到对人的依恋上来。通过抚慰和转移注意力的方式，逐渐纠正孩子的恋物倾向。

（2）转移孩子的注意力

组织有恋物倾向的孩子多参加集体活动，在活动中鼓励他与同伴建立友好关系。让孩子多接触一些物品，鼓励他去抓、捏、握、摸，对物品进行充分的感知，进而刺激感觉器官的发展，睡觉时不要让他把玩具或其他物品带上床，这样做都可以转移孩子对依恋物的兴趣，使他从相对闭塞的空间中解脱出来。保育员一定要做到有爱心、耐心、细心，只有循序渐进地进行教育疏导方能见成效。

（3）加强与家长的沟通、协作

保育员对恋物行为的矫正不要操之过急，而要循循善诱。经常与家长沟通，及时了解孩子在家中的情况，争取家长的协助配合，对存在的问题进行有针对性的指导，帮助孩子尽快从恋物倾向中走出来。

睡眠中婴幼儿行为异常的应对

一、操作程序

1. 查看睡眠情况

定时查看婴幼儿的整体睡眠情况，关注个别有恋物倾向的孩子。

2. 针对不同异常行为的处理

观察孩子的异常行为，进行初步判断，针对不同异常行为采取正确的处理方法。

3. 必要时寻求支持和帮助

告知班级教师，寻求协助，必要时通知保健医生寻求帮助。

二、注意事项

1. 加强睡眠中的巡视，逐个查看，及时发现异常。

2. 及时按正确的处理方式和流程进行处理，及时与班级教师沟通，注意家园联络。

培训单元 3　睡眠习惯的培养

➔ 能运用观察记录引导幼儿养成良好睡眠习惯。

一、睡眠观察的内容

1. 入睡时间

按分批记录的方式记录班级婴幼儿入睡的时间。例如，若午睡时间是从中午 12：00 开始，那么可以在 12：30 记录一次已入睡情况，13：00 时再记录一次入睡情况。对于个别入睡较晚的孩子，如 13：00 之后才入睡的，可以记录其入睡的具体时间，以便对其睡眠情况进行持续观察。

2. 巡查情况

每 15 min 巡查班级整体入睡情况，掌握当日班级入睡率，出现班级整体入睡较晚或入睡率低的情况应向教师反映，与班级教师共同寻找原因。

3. 异常情况处理

针对在巡查过程中个别孩子出现的身体或行为上的异常情况，应按照前述内容进行及时正确的处理。

4. 睡醒时间

针对个别孩子提前睡醒的情况，应记录其睡醒时间，以便与入睡时间结合，大致了解孩子的实际午睡时长。对于睡醒之后，在老师的陪伴和安抚下又再次入睡的孩子，可以记录其大致睡眠时长，这样，班级其他教师与家长会更加清楚孩子当日的总体睡眠情况。

二、睡眠观察的记录方法

1. 表格记录

结合班级情况，设计适合班级的睡眠观察记录表，记录表内容应清楚列出班级所有孩子的姓名。表格的记录方式方便有效。

2. 符号记录

午睡期间，保育员的重点工作是时刻观察孩子的睡眠情况，在记录方法上可采用符号法的形式。例如，12：30 之前入睡的统一用五角星符号★表示，13：00 之前入睡的统一用打“√”表示。也可采用时长观察法，以便于统计婴幼儿睡眠时长。观察记录表样例见表 2–4、表 2–5。

表 2–4　× × 班午餐与午睡情况反馈表（样例）

姓名	星期一			星期二			星期三			星期四			星期五		
	午餐	入睡时间	大便	午餐	入睡时间	大便	午餐	入睡时间	大便	午餐	入睡时间	大便	午餐	入睡时间	大便

续表

姓名	星期一			星期二			星期三			星期四			星期五		
	午餐	入睡时间	大便	午餐	入睡时间	大便	午餐	入睡时间	大便	午餐	入睡时间	大便	午餐	入睡时间	大便

注：

1.“午餐”填“√”表示全部吃完。

2.“入睡时间”填“★”表示12：45左右入睡，填“√”表示13：00左右入睡。

3.“大便”填“√”表示当天在园大便。

表2-5　××班日常午睡情况记录表（样例）

姓名	星期一		星期二		星期三		星期四		星期五	
	入睡时间	睡醒时间	入睡时间	睡醒时间	入睡时间	睡醒时间	入睡时间	睡醒时间	入睡时间	睡醒时间

注：“入睡时间”填“★”表示12：30之前入睡，填“√”表示13：00之前入睡。

三、运用睡眠观察记录培养婴幼儿的良好睡眠习惯

做观察记录建议使用记录表、记录笔、自制夹板。班级人数多或记录日期和

条目较多的，表格可使用 A3 纸打印。每日记录完之后物品需放在固定的位置，便于之后直接取用。

为了更好地培养婴幼儿的良好睡眠习惯，可以定期对观察记录进行统计与反馈。分别以周和月为单位，从每个孩子在睡眠中的身体异常表现、行为异常表现和入睡时间等方面进行统计，可以总结出班级孩子总体入睡时间、较晚入睡孩子有哪些、有异常情况的孩子有哪些。得出结论之后，一方面可与班级教师进行讨论，针对上述孩子寻找更好的睡眠习惯培养方式，并加强平日的观察和引导；另一方面可以协助班级教师针对孩子的睡眠情况给家长更准确细致的反馈，引起家长的注意，通过家园合作的方式，在家在园持续引导孩子养成良好的睡眠习惯。

建议定期整理班级的睡眠观察记录表，作为班级管理的资料之一进行收集，可在考勤核查、家长反馈等方面帮助本班教师更好地推进家园共育。

职业模块 三 健康管理与教育

培训项目 1 预防伤害

培训单元 意外伤害处理

➔ 了解婴幼儿意外伤害的原因。

➔ 掌握婴幼儿意外伤害的急救方法和预防措施。

意外伤害是指外来的、突发的、非本意的、非疾病的使身体受到伤害的客观事件。婴幼儿对周边环境充满好奇，他们渴望探索，什么都想看看、摸摸、闻闻、尝尝，但其自我保护能力差，很容易受到意外伤害。因此，做好婴幼儿的安全工作是托幼机构工作的重要内容。

在托幼机构的一日活动中，保教人员除要密切注意孩子的安全外，还要掌握常见意外伤害事故的急救技能。一旦发生常见急症、外伤时，保教人员应在第一时间采取急救措施，科学有效地处理伤情，从而把意外伤害降到最低甚至是零。

一、托幼机构意外伤害的急救原则

1. 抢救生命

抢救生命是急救的第一原则。抢救生命首先要注意受伤婴幼儿的呼吸、心率是否正常，如果心率、呼吸不规律，在将要停止或刚刚停止时，立即施行人工呼吸、胸外心脏按压，以帮助患儿恢复自主呼吸，支持患儿心脏正常功能。在常温下，呼吸、心跳完全停止 4 min，生命就会岌岌可危；超过 10 min，患儿就很难复苏。因此，当患儿呼吸、心率发生严重障碍时若没有及时得到施救，而只等送医院再诊治，往往会失去抢救的最佳时间，造成不可挽回的后果。

2. 减少痛苦

在现场抢救中要尽量减少患儿痛苦，改善病情。因为意外伤害往往是严重的，如各种烧烫伤、骨折时疼痛剧烈，患儿若过于紧张，则会加重病情，甚至出现休克。因此，在第一时间采取急救措施时，动作要轻柔，位置要准确，语言要温和，以缓解患儿的紧张心理和恐惧感，同时拨打 120 急救电话速送医院急救。

3. 预防并发症和后遗症

在抢救患儿时，要尽量预防和减少并发症及可能留下的后遗症。如遇到各类化学烧伤而伤及眼睛、食道、皮肤时，要及时用大量清水冲洗创面 15 ~ 30 min，在第一时间消除热源，减轻损伤程度，同时有明显的止痛作用。同时拨打 120 急救电话，送医院烧伤科进行急救。创面禁止涂抹带有颜色的药液，以免影响医生对创面伤情的诊断；也不要在创面上抹油、盐、酱油、醋等物质，否则会对创面组织造成损伤；更不能使用民间偏方，以免造成创面感染，使组织受到更严重的腐蚀而导致眼睛失明或食道瘢痕等后遗症。如果婴幼儿是摔伤或是坠落伤，脊背疼痛，疑有脊柱骨折，则严禁让患儿走动，转运时一定用硬木板作担架进行运送。如果让患儿走动，或用绳索等软担架运送，或抱着、背着患儿转送，都可能因脊椎的活动而损伤脊髓神经，造成瘫痪。

4. 尽快取得相关部门的帮助

遇到严重事故、灾害或集体中毒时，不要惊慌失措，要保持冷静，在迅速拨打 120 急救电话的同时，设法维持好现场的秩序。除急救外，还应立即向上级政府及卫生、防疫、公安等部门报告现场位置、伤员数量、伤情如何、已做过什么处理等。现场抢救所采取的一切行动都必须服从有关领导的统一指挥，争分夺秒，迅速施救。

二、常用急救技术

1. 人工呼吸

不管哪种伤害造成的呼吸微弱或呼吸停止，均必须立即施行人工呼吸。人工呼吸的常用方法有口对口吹气法和仰卧牵臂法。

（1）口对口吹气法

口对口吹气法是国内外学者一致推荐的一种简单的人工呼吸法。

具体做法：先清除患儿口鼻中的污泥、痰涕，将患儿头部后仰，颈部垫高，使舌根抬起，保持呼吸道通畅；施救者深吸一口气，捏住患儿鼻孔，向患儿口部吹气，使其胸部稍稍隆起为止，然后轻压其胸部，帮助呼气，如图 3–1 所示。如果患儿牙关紧闭，也可对着鼻孔吹气，方法与口对口吹气法相同。因为婴幼儿肺容量较小，向患儿口中吹气时不要过多或过于用力。如果患儿有微弱的自然呼吸，人工呼吸应与患儿的自然呼吸节律相一致，要持续到患儿呼吸恢复正常或急救车到达为止。

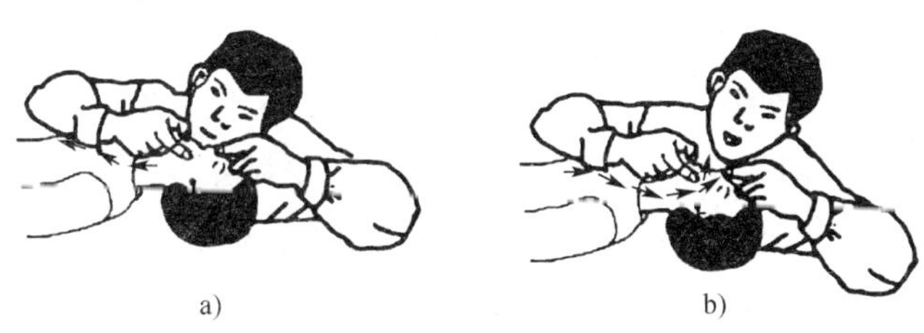

a)　　b)

图 3–1　口对口吹气法人工呼吸

a）深呼吸后紧贴嘴吹气　b）放松嘴鼻吸气

（2）仰卧牵臂法

婴幼儿胸壁薄，外界稍加压力就可明显地作用于肺部，因此，仰卧牵臂人工呼吸是另一种常用的方法。

具体做法：如图 3–2 所示，将患儿仰卧，上肢放在身体两侧，背部垫稍软物，使胸部上凸，头后仰。施救者握住其手腕，借伸举患儿双臂使其胸廓扩展以形成吸气，屈臂压胸使胸廓缩小以形成呼气，建立被动性呼吸，直至患儿恢复正常呼吸。

图 3–2　仰卧牵臂法人工呼吸

2. 心肺复苏

心肺复苏术是针对骤停的心脏和呼吸采取的救命技术，目的是恢复患儿的自主呼吸和自主循环。

具体做法：

（1）施救者在确认现场安全的情况下轻拍患儿的肩膀，并大声呼喊“你怎样了？”检查患儿是否有呼吸。如果没有呼吸或者没有正常呼吸（即只有喘息），应立刻启动应急反应系统。

（2）在实施心肺复苏术之前，千万不要忘记让身边的人迅速拨打 120 或 999 急救电话。

（3）实施胸外心脏按压术（见图 3–3）。让患儿仰卧在平直的木板或地面上，使其背部有硬物支撑。对于儿童患者，施救者用单手或双手（右手手掌压在胸骨中线下 1/3 略偏左处，再用左手压在右手手背上，两手交叉重叠，以助右手之力）于乳头连线水平处按压胸骨；对于婴儿，施救者要用中指和无名指于两乳头连线与胸骨中线交界点下一横指处水平按压胸骨。不可把手放在患儿的左胸乳头处，若在该处挤压肋骨，不但起不到挤压心脏的效果，甚至还可能造成肋骨骨折。

胸外心脏按压时应注意：施救者一定要确保正确的按压姿势，肘部伸直，手腕挺直，用力并有节奏地按压，使胸骨下沉 4 ~ 5 cm，然后放松减压，但双手仍然不能离开胸壁。

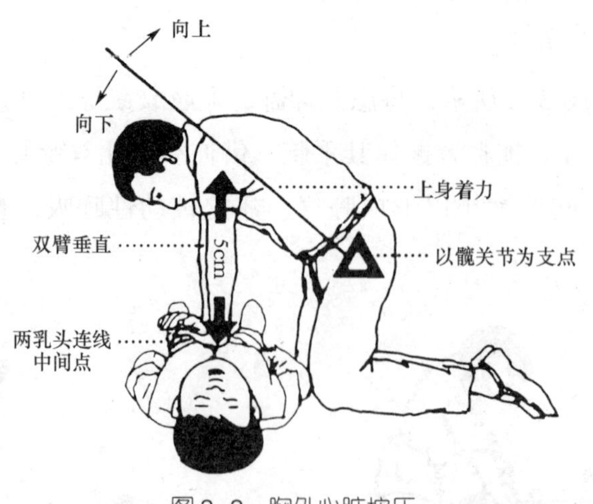

图 3–3　胸外心脏按压

（4）清除患儿口中杂物，如分泌物、泥沙等，拉出患儿舌头，可让患儿头部向一侧倾斜，避免清理过程中异物进入气道。然后一手扶住患儿额头下压，另一手托起其下巴向上抬。打开气道的标准是患儿下颌与耳垂的连线垂直于地平线。

（5）口对口人工呼吸。通常情况下，如果心跳停止，呼吸也会随之停止，此时人工呼吸和胸外心脏按压要同时进行。如有条件，可找一块干净的纱布或手巾，盖在患儿的口部进行人工呼吸，以做好自我防护。心脏按压者要注意手的动作，在停止按压的一瞬间，立即进行吹气。

根据 2010 年国际心肺复苏指南，对于学龄前儿童，双人做心肺复苏时可采用 15 : 2 的比率，即胸外按压 15 次，人工呼吸 2 次。按压频率至少每分钟 100 次。

三、常见意外伤害事故及其应急处理

1. 外出血

出血是创伤后的主要症状之一，一次大量出血若达到全身血量的 1/3 时，可有生命危险，因此，出血后的立即止血是挽救生命的重要措施。

出血常见于刀割伤、外力导致尖锐工具的刺伤等，血液从伤口流向体外时称为外出血。

（1）外出血的种类

1）毛细血管出血。血液从创面四周渗出，出血量少，无明显的出血点，多能自行凝固止血，危险性小，血液呈红色。一般不必包扎，只需做常规消毒即可。

2）静脉出血。静脉内压力较低，静脉出血时血液会徐徐均匀地流出，危险性较小，血液呈暗红色。可抬高出血肢体以减少流血，在出血部位的上端指压止血或用消毒纱布包扎止血即可。

3）动脉出血。由于动脉血管压力大，因此动脉出血呈节律性喷出，出血速度快且量多，危险性较大，血液呈鲜红色。首先应用指压止血法，在出血动脉的上端（近心端），用拇指或其余手指压在出血处予以止血。在动脉的走向中，最易被压住的部位称为压迫点，救护人员必须熟悉出血血管的压迫点，以便压紧血管，阻断血流。

（2）外出血的应急处理

1）一般止血法。小伤口的外出血，可用生理盐水（或凉开水加盐，比例为 100 : 0.9）冲洗局部，贴创可贴或敷上消毒纱布块，再用绷带较紧地包扎局部，以不出血为止。注意止血 5 ~ 10 min 后，应放松绷带，改善血液循环。

2）指压止血法，具体方法见表 3–1。

表 3–1　指压止血法

出血部位	止血手法
面部出血	压迫两侧下颌角
前臂出血	压迫肘窝（偏内侧）肱动脉跳动处
手掌、手背出血	压迫（桡动脉）腕部动脉跳动处
手指出血	将手指屈入掌内，形成握拳状
大腿出血	屈起伤者大腿，压迫腹股沟中点处的股动脉，重压方能止血
脚背出血	压迫足背动脉跳动处

3）加压包扎止血法。此方法为常用的止血法。当伤口大、出血多，用一般止血法未能止血时，可采用加压止血法。伤口覆盖无菌敷料后，再用纱布、棉花块等做成软垫放在无菌敷料上面，然后再用绷带三角巾等紧紧包扎止血。

加压包扎止血时，严密观察皮肤的颜色变化是否正常，查看止血效果，再做适宜的处理，防止局部因较长时间的加压包扎而影响血液循环。

4）止血带止血法。此方法适用于四肢大动脉出血的急救。由于使用止血带后，完全阻断了受伤肢体的血流，若时间过长，可引起组织坏死，严重者会造成肢体残疾，只有在不得已时使用此方法。在采用其他方法止血效果不佳的情况下，必须用止血带止血时，要严格按照临床医学要求操作。

选用弹性好、压力均匀的医用橡皮管带作止血带，也可用较宽的布带、绷带代替。禁用电线、绳索等对组织损伤大的物品做止血带。

用止血带前，先将伤肢抬高，尽量使血液回流通畅。结扎止血带的部位，应垫一块毛巾或其他布类，以减少对组织的损伤，将止血带拉长一些，缠绕肢体两周，在外侧打结固定。视止血带的松紧，以不再出血为度。

扎上止血带后应定时放松，使组织获得血液供应。一般每 15 ~ 20 min 放松一次，每次 1 min。若出血停止，则不必再结扎。

2. 内出血

皮肤表面未见伤口，血液由破裂的血管流到组织或体腔内，称为内出血。因体表看不到血迹，故容易被忽略而延误治疗。若怀疑有内出血，应迅速送医院诊治，否则会有生命危险。

（1）内出血的症状

内出血常见于婴幼儿腹部受伤、肝脾破裂后。患儿脸色苍白、出冷汗、手脚发凉、呼吸急促、心慌、心跳快而弱。

（2）内出血的应急处理

1）立即压迫伤处止血。

2）拨打 120 或 999 急救电话，速送医院急救。

3. 骨折

因外伤破坏了骨的完整性称为骨折。骨折是婴幼儿较为严重的外伤，一般分为闭合性骨折和开放性骨折两种。闭合性骨折是指骨折处皮肤未破裂，与外界不相通，开放性骨折是指骨折处的皮肤破裂且与外界相通。

（1）骨折的原因

骨折是婴幼儿时期经常发生的意外伤害。跌伤、车祸、被弹簧门夹伤手脚，或嘻弄动物被踢伤、抵伤等是骨折常见原因。睡在小床上的婴儿，把腿伸出栏外，也可因小腿被扭旋而发生骨折。玩弄门窗、伸手触摸电扇时可致手指骨折。

（2）骨折的症状

由于婴幼儿骨成分中的有机物较多、无机物较少，且最外层的骨膜较厚，所以一般不易发生骨折，但在外力作用下有时也会发生骨折。学前儿童骨折一般见于"青枝骨折"。

1）"青枝骨折"。即折而不断，仅一侧的骨膜断裂，另一侧仍连接着。发生骨折后，常因疼痛较轻被忽略而未及时到医院诊治，骨折自愈后形成畸形，影响肢体的正常功能。

2）若骨头完全断裂，可有以下症状：断骨刺伤周围组织的血管、神经，有剧烈疼痛和局部明显的压痛；因疼痛而发生休克；骨折后出现畸形，原来附着在骨骼上的肌肉失去平衡，组织肿胀，局部出现畸形。

（3）骨折的应急处理

首先要临时固定伤肢，尽可能地限制伤肢活动，以免断骨再刺伤周围组织，造成二次伤害。若有出血，应先止血再包扎固定。根据骨折的不同部位，分别进行临时固定。方法如下：

1）上臂骨折（见图 3–4）。当肱骨骨折时，可在手臂外侧放一块相应长短的小木板，木板的长度要超过受伤部位上、下两个关节，宽度与上臂粗细大致相等，木板与手臂之间可垫棉花或软布，然后用布带将骨折部位上、下两端固定，用三角巾或长毛巾、布袋条将前臂吊于胸前。若现场没有小木板，可用书本替代。

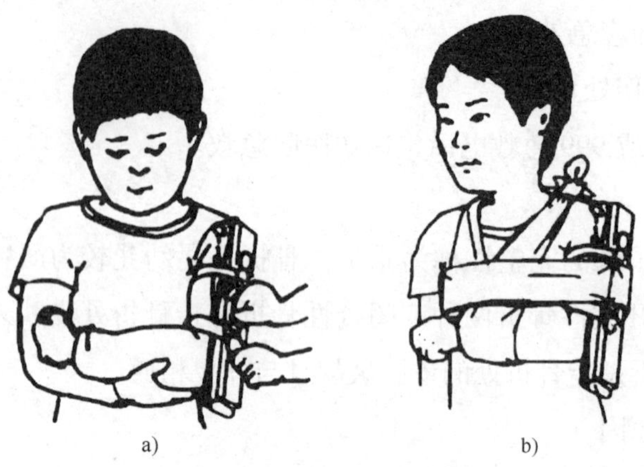

图 3–4　上臂骨折临时固定

a）木板固定　b）小悬带悬吊

2）前臂骨折。将两块木板分别放在前臂掌侧和背侧，临时夹板的长度应超过肘关节至腕关节之间的距离，垫衬垫和用绷带或布带固定，再用三角巾或布带悬吊，如图 3–5 所示。

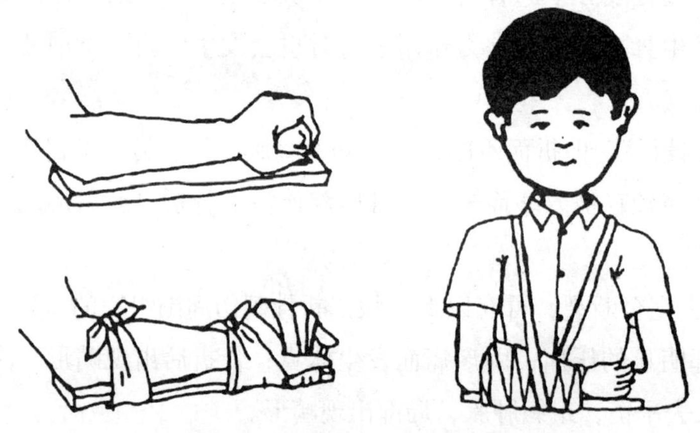

图 3–5　前臂骨骨折的临时固定

3）大、小腿骨折。将一块长度相当于腿长的木板放于伤肢外侧，在关节和骨凸处用棉花或衣服等加垫，并用布带分段固定，如图 3–6 所示。

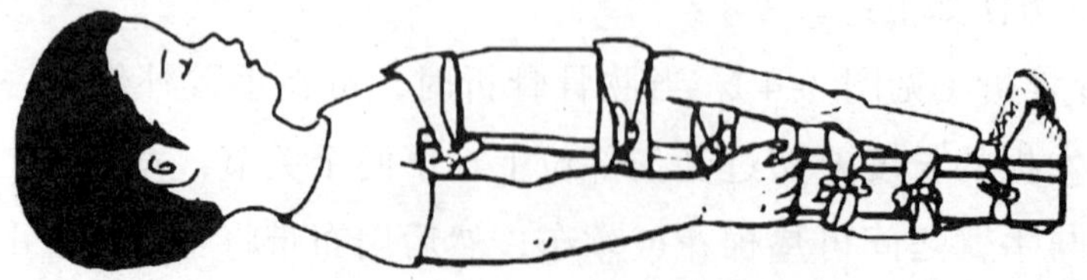

图 3–6　大、小腿骨折的临时固定

4）颈椎、胸椎、腰椎骨折。凡颈椎、胸椎、腰椎骨折时，均严禁让患儿弯腰、走动，或搀扶其行走等，任何腰部的活动（如屈曲、侧弯和扭转）都会加重脊髓的损伤。严重的脊髓损伤会导致截瘫。

①将软垫垫在颈部，保持颈椎的生理屈度；头的两旁再用软垫固定，头部用绷带轻轻固定，避免头部晃动。

②保育员协助医务人员动作一致地托住患儿的头颈、肩胛、腰、臀部和腿脚，如图 3–7 所示，将其轻轻地抬到硬木板的担架上，用宽布带将其身体固定在木板上，速送医院诊治。

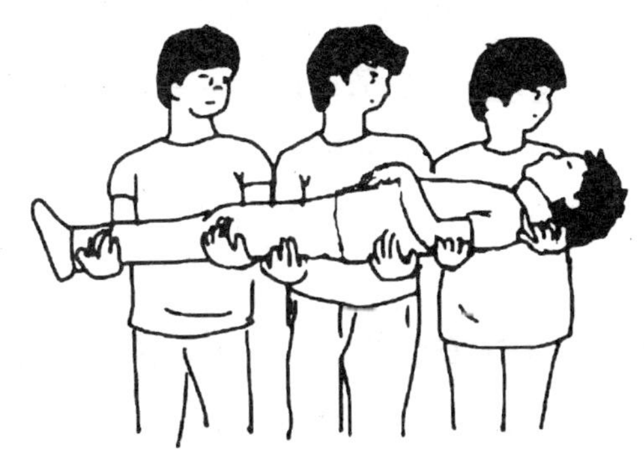

图 3–7 颈椎骨折的临时固定

4. 休克

休克是疾病发展到严重程度的一种表现。因外伤而导致出血过多、严重的呕吐腹泻、大面积烧伤、剧烈疼痛等均可发生休克。

（1）症状

患儿的血压明显下降，脸色苍白，手脚冰凉，不省人事。

（2）休克的应急处理

1）迅速将患儿放平，松开衣领腰带，头部略放低（但头部有外伤时不可放低），按掐人中穴、合谷穴等进行急救，注意保暖，但温度不宜过高。

2）拨打急救电话，速送医院处理。

5. 咽、喉、气管有异物

婴幼儿在进食或口含小物体时哭闹、嬉笑，就可能将食物或小颗粒状物体吸入喉部或气管内。异物中以西瓜子、花生米、豆粒、钱币等多见。

（1）咽部异物

1）原因。因喝水或进食时说笑、打闹或将小豆粒等异物呛入咽部，可立即引起呛咳、声音嘶哑、吸气性呼吸困难、面色青紫、泪流满面等症状。

2）处理。速将孩子抱起，头略向前低弯腰，立即推空心拳以手掌拍打孩子后背肩胛中间的凹陷处，向上向内以冲击力拍背。经上述处理，有时可将卡在咽部的异物拍出，使症状缓解。在喉部的异物，用力也能咳出。若未咳出，应立即拨打急救电话。

（2）喉、气管异物

1）原因。小豆粒、小异物不小心进入喉部、气管时，可立即引起呛咳、声音嘶哑、吸气性呼吸困难、面色青紫等症状。

2）应急处理。首先施以咽部异物的处理方法，若无效，应立即采用海姆立克急救法。3 岁以上的幼儿若异物卡在喉部和气管内，可采用海姆立克急救法：施救者从后方抱其腰部，用一只手的空心拳顶住脐上或剑突下二横指，另一只手按住空心拳的手背，双手用力向内、向上冲击，促使横膈肌压迫肺产生气流，从而将进入喉部和气管中的异物冲出。边抢救边拨打急救电话。

6. 触电

（1）托幼机构的电器开关应安装在室内离地 110 cm 以上，平时教育婴幼儿不要用手指触摸电源插口。一旦发现有人触电，应立即切断电源。以最快的速度切断开关或拔掉插头，使其迅速脱离电源。若暂时无法关闭电源，可用干燥的木棍、竹竿、绝缘棒等进行急救，如图 3–8 所示。

（2）对心跳、呼吸停止者，要立即施心肺复苏术。心脏与呼吸的复苏应同时进行。

（3）在抢救的同时，立即拨打急救电话。在救护车未到之前不要轻易搬动孩子。

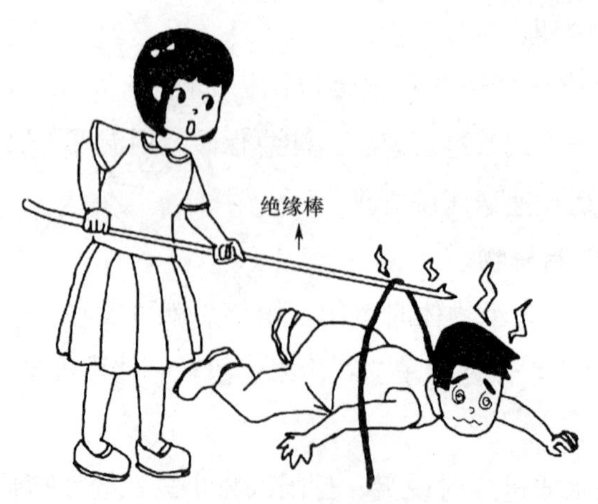

图 3–8　断电后再用绝缘棒挑起电线

7. 溺水

一些条件较好的托幼机构会建有游泳池，在组织游泳活动前一定要教育婴幼儿注意安全，在游泳时，一定要保证三位保教人员都参加且与孩子一起在游泳池内活动，所有的孩子都要在保教人员的视野里，时刻观察孩子的游泳情况并提醒他们不要到深水区去，相互注意安全。一旦发现有孩子溺水，保教人员应立即进行施救，迅速游至溺水者附近，从其后方用左手握其右手或拖住头部用仰泳方式将其拖向岸边，也可从其背部抓住腋窝将其拖上岸边。

若在园外河塘游泳发现溺水者，除用上述方法急救外，不会游泳者切忌用手直接拉溺水者，而应在现场找一根竹竿或绳索，将其拽住再拖上岸，否则溺水者会把施救人员拖入水中。未成年人遇到他人溺水时应呼救而禁止下水施救。

溺水的应急处理方法：

（1）将溺水者以最快的速度救上岸。不会游泳者，要立即呼喊或拨打 110 报警电话。

（2）保持溺水者呼吸道通畅。将溺水者平放在硬地面上，头偏向一侧，迅速撬开口腔，清除口腔和鼻腔异物（如淤泥、杂草等），并拉舌于口腔外，防止舌后坠，使其呼吸道通畅。

（3）如果发现溺水者神志丧失、颈动脉搏动消失，要立即进行心肺复苏，使其迅速恢复有效呼吸，并一直坚持到专业救护人员到来。

（4）如果溺水者神志尚清醒，有呕吐，可立即施行伏膝倒水法，但要密切观察溺水者的精神状况，且不可只顾倒水而延误心肺复苏的抢救时间。

伏膝倒水方法：如图 3–9 所示，将溺水者置于抢救者屈膝的大腿上，使其头部朝下，按压其背部迫使呼吸道和胃里的吸入物排出。

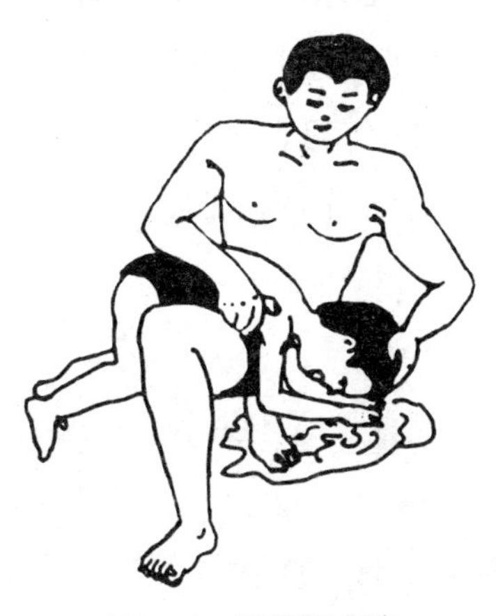

图 3–9 伏膝倒水法

培训项目 2 健康观察

培训单元　婴幼儿常见症状的基本处理

培训重点

➔ 了解婴幼儿常见症状的表现和原因。
➔ 掌握婴幼儿常见症状的基本处理方法和预防方法。

知识要求

一、腹泻

腹泻最主要的特点是大便次数增多和大便性状的改变，是我国儿童最常见的疾病症状之一。长期腹泻会导致婴幼儿营养不良、生长发育障碍，重度腹泻甚至危及生命。据世界卫生组织 2017 年报告，腹泻是造成 5 岁以下儿童死亡的第二大原因，每年约有 52.5 万名 5 岁以下儿童死于腹泻。

1. 腹泻的原因

（1）感染性因素

病原体包括细菌、病毒、真菌、寄生虫等。

（2）非感染性因素

非感染性因素包括喂养不定时、饮食量不当、突然改变食物种类、过敏、乳糖酶缺乏、气候突然变化、抗生素等。

2. 腹泻的分类和并发症

根据病程的长短，腹泻分为急性腹泻、迁延性腹泻和慢性腹泻。连续病程在2周以内的腹泻为急性腹泻，又称急性感染性腹泻，一般与细菌或病毒感染有关，如引起秋季腹泻的轮状病毒感染。急性腹泻轻者仅有大便次数增多的症状，而重者每日大便可多达10余次，且多为黄色水样或蛋花样便，可伴有发热、呕吐、脱水、电解质紊乱等症状，需要及时就医。病程2周至2个月的称为迁延性腹泻，病程2个月以上的称为慢性腹泻。迁延性腹泻和慢性腹泻原因复杂，需由医生结合病史、体格检查等查找线索。

腹泻期间，机体对营养物质的吸收发生障碍，而且还要消耗体内原有的营养物质，如果出现长期慢性腹泻就会造成营养不良，使患儿身体瘦弱，抵抗力下降，易患各种疾病。腹泻的常见并发症有脱水、营养不良及微量营养素缺乏症等，其他并发症包括急性肾功能衰竭、弥漫性血管内凝血、感染性休克等。所以，要及早治疗腹泻，避免该病对机体造成更大的伤害。

3. 脱水的识别

腹泻会导致体液的丢失，造成脱水，严重脱水的儿童会发展成休克甚至死亡。腹泻患儿居家观察时，家长应注意以下几点脱水的表现。

（1）腹泻次数及量：如果次数多，每次腹泻量大，则容易导致脱水。

（2）尿量明显减少甚至无尿。

（3）眼窝凹陷。如果是前囟尚未闭合的婴儿，脱水时还会出现前囟凹陷。

（4）面色苍白，皮肤黏膜干燥，弹性差。

（5）精神烦躁或萎靡不振、意识障碍等都可能是脱水的表现。

（6）哭时眼泪少或没有眼泪。

如果患儿出现面色发灰、皮肤发花、出冷汗、精神极度萎靡、四肢末梢循环差、尿量少或无尿，那么休克的可能性就比较大。若进一步发展可能会有生命危险，需要紧急就医。

4. 腹泻的基本处理

（1）饮食调理

腹泻时进食和肠道吸收减少，营养需要量增加，如果饮食限制过严或者禁食过久易造成营养不良，同时并发酸中毒，导致病情迁延不愈，影响婴幼儿的生长发育，故腹泻婴幼儿应继续饮食，并根据疾病情况和个体差异适当合理调整。

严重呕吐的患儿暂禁食（不禁水）4～6 h，遵循少量多餐原则，6个月以下吃母乳的婴儿继续母乳喂养，但应注意比原来的次数增多，喂母乳的妈妈应忌食过于油腻的食物。已经添加辅食的婴儿可给予稀粥、烂面条、鱼肉末、少量蔬菜等易消化饮食。腹泻期间不建议食用生冷刺激性食物、粗纤维食物、高糖食物、高脂食物，因这些食物不易被肠道吸收，可导致肠蠕动加快，使腹泻加重。腹泻停止后可逐渐恢复正常饮食。

（2）补足液体

补足液体很重要。腹泻在使人体丢失了水分的同时，也丢失了大量的电解质。建议家长在医院或药店购买专用的口服补液盐用于腹泻时预防脱水，少量多次补充口服补液盐。

（3）加强臀部皮肤的清洁和护理

排便次数增多对臀部皮肤刺激性加大，因此每次便后都要用清洁的温水冲洗臀部、会阴，然后用干净柔软的布或纸擦干臀部，避免大便对皮肤的刺激。对还在用尿布的婴儿最好选择一次性纸尿裤。如果用自制的尿布，要选用柔软吸水的棉质布，而且每次用后应用碱性洗涤剂洗干净，然后用清水冲净，在阳光下暴晒消毒。尤其需要注意的是，在清理孩子大便时应注意自己的手卫生，处理完污物后立即洗手，以免交叉感染。

（4）留取大便标本

在家或者托幼机构取便前，最好先对大便进行拍照，这样有助于医生判断大便性状，然后用医院提供的便盒或干净的塑料袋、一次性纸杯等物品留取大便标本。用于检验的粪便应直接留取到容器内，不能混有尿液，也不能从尿不湿、纸尿裤或尿布上留取。同时，要挑取便中性状不好的部分送检，如便中的黏液、脓血、水样物、泡沫样物、绿色便等，以提高检验结果的阳性率。最后，留取的大便标本要尽快送检，以免影响检验结果。

（5）病情观察

1）脱水情况。观察患儿是否有上述脱水征象。

2）腹痛情况。腹痛是腹泻常见的伴发症状，常在排便前后出现阵发性疼痛，如果腹痛严重或呈持续性腹痛，不会表达的婴幼儿往往表现为阵发性哭闹，此时尤其应注意大便的性状和颜色。如果大便是赤豆汤样、果酱色或鲜血便，则应立即住院治疗，防止发生出血性坏死性小肠结肠炎或肠套叠等严重情况。

3）是否惊厥。腹泻的婴幼儿经肠道丢失的电解质较多，可引起低钙惊厥，往往表现为全身性或局限性惊厥，双目凝视，同时伴有口唇青紫，也有患儿表现为喉痉挛、手足搐溺症等。

4）腹胀情况。一般腹泻多无腹胀或仅有轻度腹胀，如果腹胀比较严重，则往往是伴有低钾血症或是严重的感染，应及时住院治疗。

5）体温。如果体温持续在 39 ℃以上，中毒症状明显，精神萎靡不振，说明感染严重。中毒症状重，也应住院治疗，以避免感染性休克。

5. 腹泻的预防

（1）提倡母乳喂养

母乳中富含不可替代的免疫成分，同时，母乳中含有免疫活性细胞、乳铁蛋白、溶菌酶、低聚糖等，有利于肠道建立正常免疫功能。母乳中还含有婴儿需要的多种消化酶，钙、磷、蛋白质等各种营养成分都非常适合婴儿的消化和吸收。

（2）注意卫生消毒

居家环境整洁，房间空气新鲜流通，温度适宜。讲究饮食卫生，不吃不干净、过期、变质、发霉的食物。教育孩子养成饭前便后洗手、不喝生水的习惯，并注意餐具消毒。感染性腹泻患儿注意隔离及对其呕吐物、粪便的消毒。

（3）避免交叉感染

为避免交叉感染，照料人不能给婴儿嚼饭。母乳和人工喂养都应该按时添加辅食，合理喂养，注意从少到多，从一种到多种循序渐进地添加辅食。

二、呕吐

呕吐是指通过胃的强烈收缩使胃或部分小肠的内容物经食管、口腔而排出体外的现象，呕吐物可为稀水、饭菜等胃肠道内容物。若处理不当，可能会出现误吸，继发呼吸道感染。严重呕吐有导致呼吸暂停甚至窒息的风险。

1. 呕吐的原因

引起呕吐的原因有很多，常见的有以下两种：

（1）反射性呕吐

咽部受到刺激、胃肠炎、急性阑尾炎、肠套叠、消化不良等，可引起反射性呕吐。

（2）中枢性呕吐

脑炎、脑膜炎、一氧化碳和农药中毒等，可引起中枢性呕吐。

2. 呕吐的基本处理

（1）维持呼吸道畅通

婴幼儿呕吐厉害时，呕吐物可能会从鼻腔中喷出，此时应立即将其鼻腔中的异物清除，保持呼吸道畅通。若呕吐发生在直立或卧床时，可使其身体前倾或维持侧卧位，让呕吐物易于流出，避免造成窒息或吸入性肺炎。

（2）保持口腔清洁

呕吐后一些胃酸及未消化的食物会残留在口腔中，散发出难闻的味道，易引起反复呕吐。对于较小的孩子，可用纱布蘸温水来清洁口腔。对于能配合的孩子，可以教孩子用温开水漱口，以保持口腔清洁。

（3）短暂禁食

如果呕吐后立刻进食，易导致反复呕吐。呕吐后应先暂时禁食，包括温水、牛奶等。若孩子吵着要喝水，可以用棉花棒蘸水湿润口腔。当症状改善时再给予少量多次的温水、口服补液盐。继续观察，若孩子无明显恶心、呕吐、腹胀等情况，可再给予清淡食物（如稀饭、面条、面包、馒头），但应避免油腻饮食。

3. 呕吐的预防

在日常照护孩子的过程中，应合理喂养，注意饮食卫生，培养良好的饮食习惯。安抚孩子，避免紧张、恐惧等不良情绪。孩子哭闹要及时安抚，避免因呼吸道分泌物太多导致呕吐。对于容易晕车或晕船的孩子，外出时可更换其他交通工具，或者外出前服用药物预防晕车或晕船。如孩子患有疾病，还要及时就医，治疗引起呕吐的各种疾病。

三、咳嗽

咳嗽是一种突然的爆发性呼吸运动，通过咳嗽可以清除呼吸道分泌物及异物，是一种保护性反射。咳嗽对儿童既有保护作用，也有不利的一面，如在公共场合咳嗽可使呼吸道感染扩散。如果长期剧烈咳嗽，还会影响儿童的睡眠和生活质量，甚至导致呼吸道出血，使胸内压增高，增加心脏负荷。

1. 咳嗽的原因

（1）呼吸道因素

异物、过敏因素、理化刺激等作用于呼吸道均可引起咳嗽。呼吸道感染，如感冒、支气管炎、肺炎等是引起咳嗽最常见的原因。

（2）非呼吸道因素

非呼吸道因素包括脑炎、脑膜炎、胃食管返流病所致咳嗽，习惯性及心理性咳嗽等。

2. 咳嗽的基本处理

（1）保持环境适宜

保持孩子所处环境空气清洁、温/湿度适宜。并定期开窗通风，做好消毒工作，进行湿式打扫，避免孩子吸入过敏原和刺激性气体，如烟草味、油烟味，避免被动吸烟。

（2）补充水分，注意休息

少量多次补充水分，鼓励孩子多休息，条件允许的情况下进行活动量小的运动，避免剧烈运动，尤其咳嗽厉害时不宜剧烈运动和玩耍，避免咳嗽加重。若孩子睡眠时咳嗽明显，可用靠背或枕头将其头部及上半身抬高，这样可以防止呼吸道分泌物返流，适当缓解不适。

（3）促进痰液排出

对于年长的孩子，鼓励其把痰液咯出，吐在纸上弃于垃圾桶内，并及时洗手。对于年龄较小、不会有效咯痰的孩子，应使用叩击法借助振动促进痰液排出。

1）叩击方法。让孩子俯卧于床上，头偏向一侧。保育员五指并拢，手背隆起，手掌中空呈杯状，以手腕力量，从肺底自下向上、由外到内，迅速而有节奏地轻轻叩击背部。应听到空空的叩击声，而不是啪啪的拍打声。边叩击边鼓励孩子咳嗽。每天叩击数次，每次叩击 10 ~ 15 min。操作后让孩子休息，协助做好口腔清洁，祛除痰液。

2）叩击注意事项。叩击力量要适当，以不引起疼痛为宜，叩击时要避开纽扣、拉链。不可直接在裸露的皮肤上叩击，可用薄布或干毛巾保护皮肤。叩击时间宜在餐后 2 h 至餐前 30 min 进行，以免引起呕吐。

（4）观察病情

注意观察孩子的面色、呼吸、精神等情况。如果发现咳嗽加重或长期咳嗽，尤其是有呼吸困难、口唇发紫、精神萎靡等紧急情况时应及时就医，以免延误治疗时机。

3. 咳嗽的预防

（1）日常护理

教育婴幼儿注意手卫生，加强体育锻炼，增加抵抗力。同时，预防和治疗相关疾病，如营养不良、贫血及佝偻病等。保教人员和家长应关注天气变化，尤其是在活动前和活动后，及时为儿童增减衣物。

（2）环境适宜

保持室内空气清洁、温 / 湿度适宜。进行湿式打扫，避免灰尘飞扬。每天定期开窗通风，保持房间空气流通、湿润。

（3）饮食均衡

平时注意为婴幼儿提供种类多样、营养丰富的饮食，以保证摄入充足的营养。

（4）规律作息

为婴幼儿安排适宜的进餐、运动、睡眠等活动，保证有充足的睡眠，规律作息，降低疾病的发生率。

（5）生活教育

教育婴幼儿改掉口含异物等坏习惯，进餐时不能大声说笑，避免气管异物的发生。

婴幼儿腹泻的基本处理

一、操作准备

准备备用干净衣服、水杯或奶瓶、卫生纸、湿纸巾、尿布、甘油、护肤脂。

二、操作程序

1. 饮食照护

对患儿应多补充水分，特别是营养丰富的流质或半流质食物，如面条、稀饭、牛奶。注意饮食上要清淡，吃容易消化的食物，少量多餐。同时要适当补充液体，避免可能会造成的脱水或者电解质紊乱。

2. 便后护理

每次大便后，需要及时清洗臀部，涂甘油和护肤脂，并及时更换尿布，避免臀部皮肤受粪便的浸润和潮湿尿布的摩擦而形成尿布皮炎，同时预防泌尿系统感染。注意为患儿的腹部保暖，如果患儿四肢发凉，需要进行保温治疗。

3. 环境照护

对患儿的生活用具要定时消毒，保持清洁卫生，注意室内空气流通。

三、注意事项

1. 积极预防腹泻患儿出现脱水。

2. 做好登记工作。

【案例 3–1】

婴幼儿腹泻的基本处理

观察并发现腹泻的孩子

一天上午 9：00，保育员刘老师正在协助班主任上手工课，依依小朋友举手了：“老师，我要上厕所。”说完就迫不及待地跑向卫生间。过了一会儿，依依从卫生间出来继续上手工课。可是，刚做了一会儿手工，依依就吐到了桌子上。刘老师过来一看，发现依依把早上吃的饭菜全吐出来了，仔细观察发现呕吐物里没有黄绿色的胆汁和咖啡色样疑似血液的物质，就赶紧把呕吐物清理干净，并给她换上备用的衣服。在打扫过程中，刘老师想：依依会不会不舒服呢？

接下来，刘老师就有意观察依依，发现她的精神还可以，也能参与课堂活动，与往常不同的是，依依有时会捂着肚子说肚子不舒服，却又说不出来怎么不舒服，而且，依依平时基本不在幼儿园解大便，但今天上午却去厕所解了两次大便。刘老师发现依依的大便很稀，刚开始呈稀糊样，后来呈稀水样，而且每次大便的量都很大。拉了大便以后，依依身上逐渐变得没劲，躺在床上不愿意动，也不愿意吃午饭。通过观察刘老师判断，依依是得了腹泻。由于目前不知道腹泻的原因，不能完全排除感染性腹泻，刘老师就把依依单独带到了幼儿园的隔离室，由保健医生专门照看，把依依的腹泻情况记录在疾病登记本上，并联系了依依的家长，家长表示中午下班后会带依依到医院就诊。

腹泻孩子就医前的观察与基本处理

刘老师知道，腹泻严重的话会引起脱水，甚至休克，所以就给依依做了基本的护理。中午，依依不愿意吃米饭，刘老师就让她吃了一些温热软烂的汤面条。吃完饭，刘老师交代厨房的老师把依依的餐具与其他小朋友的餐具分开消毒，并让依依少量多次喝水以补充水分。依依肚子不舒服，不愿意喝水，刘老师就温柔地哄她：“宝贝现在拉肚子了，身体缺水，多喝水身上才有劲，才能早点跟小朋友一起玩。”她还给依依讲了水带走身体里的细菌和病毒的故事。依依勉强喝了一点儿水，刘老师也不勉强她，过了一会儿，看依依心情好点了，又给她喝了点温水。一般病从口入，所以刘老师带依依在水龙头下用肥皂和流动水把小手洗得干干净净的。依依说肚子疼的时候，刘老师就用毛巾包热水袋，帮依依热敷肚子。

刘老师不仅给予依依精心的护理，还注意观察依依的情况。她发现依依吃了汤面条、少量多次喝水后，精神稍微好了一点儿，皮肤没有明显变干燥，也没有再呕吐，只是偶尔会说肚子痛，又拉了两次稀水便，尿量比平时少了一些。

下午1点，等依依的妈妈快赶到幼儿园时，刚巧依依又上厕所，刘老师就找了一个干净的塑料袋接取了一点大便，之后交给依依妈妈送往医院化验，并把大便拍照以备医生查看判断腹泻的原因。

腹泻孩子就医后的观察与基本处理

下午快2点时，依依妈妈告诉刘老师，依依是因为细菌感染引起的细菌性肠炎，所以才会腹泻，可能跟昨天晚上放学后在家吃了冰箱里的隔夜饭菜有关。

由于细菌性肠炎是感染性疾病，刘老师把地面、门把手、床头柜等依依接触过的物品表面，用500 mg/L的含氯消毒剂认真地做了擦拭消毒。

案例点评：

刘老师在上课时发现依依呕吐后，仔细观察了呕吐物，避免遗漏胆汁性呕吐和血性呕吐的严重情况。刘老师还及时发现依依与往日的不同，发现依依精神不好、大便次数增多，并且变稀，确定依依得了腹泻，在没有确定是否传染的情况下就把依依隔离开，避免传染其他小朋友。同时，刘老师及时联系家长，在家长没到幼儿园时，给依依补水、吃易消化食物，观察其是否有脱水征象。最值得学习的是，刘老师还正确留取了依依的大便以便家长送检，并把大便拍照以备医生查看，为医生的正确诊断提供了依据。

在患儿就医后，做好消毒卫生工作，符合各项操作规程。

培训项目 3 健康指导

培训单元 婴幼儿健康指导

- 了解体格发育相关概念和影响因素。
- 掌握婴幼儿健康指导知识。
- 掌握婴幼儿视力、听力、牙齿保健知识。

一、体格发育的概念

生长发育是指从受精卵到成人的整个成熟过程，是生命过程中最基本的特征。儿童生长发育是儿科学的基础。临床上许多问题涉及生长发育，异常的生长发育可能是某些疾病的主要临床表现。因此，掌握生长发育的知识可以帮助保育员及早发现异常情况，促进儿童的健康成长。

1. 生长

儿童体格生长是指儿童身体各器官、系统的形体长大和形态变化，有相应的测量值，是机体量的改变。

2. 发育

发育是细胞、组织、器官功能的分化与成熟，是机体质的变化，包括情感心理的发育成熟过程。发育不能直接用数量指标测量。

生长和发育二者密不可分，生长过程伴有发育成熟，两者共同表示机体的动态变化；生长过程中量的变化可在一定程度上反映器官、系统的成熟状况，共同表示机体的动态变化。

二、生长发育的影响因素

1. 遗传和性别

遗传指子代和亲代间在形态结构、身心发育、生理功能上的相似性。DNA 是遗传的物质基础。在胚胎发育过程中，受精卵中父母双方各种基因的不同组合，决定了子代个体发育的各种遗传性状，使子代可以显现亲代的形态、功能、性状和心理素质等特点，形成每个儿童各自的生长发育潜力。身高、体重、性成熟期、性格等与家族遗传有关。个体的外貌特征（如肤色、发色、眼色等）、体型、月经初潮年龄、生长发育水平等均与种族遗传有关。

男孩、女孩的生长发育各有其规律与特点，男孩青春期开始较晚，但持续时间较长，故最终体格发育明显超越女孩。评估或评价发育水平时应分别按男、女标准进行。

2. 孕母情况

胎儿在宫内的发育受孕母的生活环境、营养、情绪和疾病等各种因素的影响。妊娠早期的病毒性感染（如风疹、带状疱疹等）可导致胎儿先天畸形；孕母严重营养不良可引起流产、早产和胎儿体格生长以及脑的发育迟缓；孕母受到某些药物、放射线辐射、环境毒物和精神创伤等影响，可导致胎儿发育受阻。

3. 营养状况

充足和合理的营养是婴幼儿生长发育的物质基础，是保证婴幼儿健康成长的重要因素，年龄越小受营养因素影响越大。充足的营养可使生长潜力得到最好的发挥，宫内营养不足不仅影响胎儿体格生长，还严重影响脑的发育和以后的学习能力。出生后营养不良，可影响体格生长，同时导致身体的免疫、内分泌和神经调节功能低下，影响智力、心理和社会适应能力的发展。但是，摄入过多热量所致的肥胖也会对生长发育造成不良影响，影响心肺功能，并使成人期发生高血脂、糖尿病、冠心病的概率上升。

一些营养素缺乏也会对儿童的生长发育造成危害。例如，铁缺乏的儿童会导致缺铁性贫血，呼吸道容易感染，免疫力低下，影响生长发育。锌缺乏的儿童会出现食欲不振、口腔溃疡、腹泻等症状。维生素 A 缺乏容易造成视力发育受影响，皮肤干燥、脱屑，上皮角化增生，汗液减少，毛发失去光泽，指（趾）甲变脆，更重要的是，维生素 A 缺乏还会导致免疫功能低下，致使呼吸道反复感染。维生素 D 缺乏会导致钙磷代谢障碍，出现维生素 D 缺乏性佝偻病，造成 O 形腿、X 形腿等体态畸形，夜惊夜啼引起睡眠不足、发育迟缓。

4. 生活环境

生活环境包括居住的地方阳光是否充足，空气是否新鲜，有无清洁的水源，有无噪声污染，住房是拥挤还是宽敞。除了物理环境外，生活环境还包括家庭的经济、社会、文化状况等。富裕家庭的孩子身体发育状况往往好于贫困家庭的孩子。然而，并非家庭收入越高，儿童的生长发育状况越好。在国内，富裕家庭的孩子出现超重、肥胖的现象较多见。因父母忙于工作，无暇关心孩子的成长，一些高收入家庭的子女情感淡漠、抑郁、焦虑、敌对、人际关系紧张等发生率较高。另外，父母受教育程度高，对促进儿童语言发展、性格形成、身心健康有积极作用。

5. 疾病及药物

疾病对儿童生长发育的影响十分明显，急性疾病致儿童体重减轻，慢性疾病影响身高和体重的增长。部分药物也会对生长发育造成影响：长期大量使用链霉素、庆大霉素可引起肾脏损害、听力下降，长期应用肾上腺皮质激素可使身高增长速度减慢，在生长关键时期对成长造成永久性的影响。

6. 合理的生活制度

科学安排的生活制度，保证足够的室外活动、适当的学习、丰富的营养和充足的睡眠，促进其生长发育。

三、对家长的健康指导

根据我国《托儿所幼儿园卫生保健工作规范》要求，1 ~ 3 岁婴儿每年健康检查两次，每次间隔 6 个月；3 岁以上幼儿每年健康检查一次。所有儿童每年都要进行一次血红蛋白或血常规检测。体检后应当及时向家长反馈健康检查结果。在健康体检后，往往会发现消瘦、肥胖、生长迟缓、贫血这几种常见异常情况，保育员应根据体检报告给予家长适当的健康指导。

1. 儿童消瘦的健康指导

儿童消瘦是指儿童体重低于同性别、同身高参照人群值的均数减 2 个标准差。对于消瘦儿童，应注意从饮食习惯和日常生活护理、观察病情等方面入手对家长进行健康指导。

(1)培养良好的饮食习惯

家长应注意家园共育，培养孩子良好的饮食习惯，纠正偏食、挑食、吃零食等饮食行为问题，规律进食，饮食应保证供给足够的能量和蛋白质。

目前，世界卫生组织提倡“3W1H”喂养原则，即 What(吃什么)、Where(在什么地方吃)、When(什么时候吃)、How(吃多少)。家长负责提供营养丰富、种类多样的饮食；在固定地方进食；保证两餐合理的间隔时间，不能频繁进食；由儿童自己决定吃多少，不强迫进食，避免心理性厌食。同时，家长要以身作则，不挑食、不偏食，在生活中以游戏或读绘本等形式培养儿童良好的进餐习惯，不在进餐时看电视、玩玩具等。

(2)日常生活护理

根据患儿病情及消化功能循序渐进地进行饮食调整，增加热量和蛋白质，原则是由少到多、由稀到稠、循序渐进，逐渐增加饮食数量和种类，直至恢复正常。遵医嘱给予各种消化酶和 B 族维生素口服以提高患儿食欲。保持皮肤清洁、干燥，防止皮肤破损；做好口腔护理；保持生活环境舒适卫生；对于严重营养不良的患儿，注意暂时不去园所，平时做好保护性隔离，防止交叉感染。

(3)观察病情

注意观察病情变化。观察有无低血糖、维生素 A 缺乏等表现，如有自汗、乏力、紧张、心跳快、脸色苍白、恶心、呕吐、四肢震颤等自发性低血糖表现，应立即给予糖水口服。每日记录进食情况，定期测量体重、身高(身长)，以协助医生判断治疗效果。

2. 儿童肥胖的健康指导

儿童肥胖是指儿童体重超过同性别、同身高参照人群均值 20% 以上。给肥胖儿童的家长进行健康指导时应从饮食和运动两方面着手，帮助家长为整个家庭建立健康的生活方式。

(1)培养良好的进餐习惯

有喝汤、喝白开水习惯的，饭前喝汤或者白开水；进食的顺序是：汤(或白开水)→素菜→荤菜→主食；跟家人一起进食时分盘吃(控制好量)；允许剩饭，可以剩主食，青菜要吃完；主食的米面与杂粮比例为 1∶1；每日蔬菜、瓜果量大于 500 g；食物最好是自然的，少吃加工产品（市场上售卖的即食食品），鸡精、味精不能加；烹调方式尽量选择蒸、煮等，尽量少选择煎、炸、炒、烤；饭后 30 min 不能坐，不能躺。

（2）循序渐进，坚持运动

适量运动能促进脂肪分解，减少胰岛素分泌，使脂肪合成减少，蛋白质合成增加，促进肌肉发育。可选择既有效又易于坚持的运动，如跑步、爬楼梯、跳绳、游泳等，每日坚持运动至少 30 min，活动量以运动后轻松愉快、不感到疲劳为度。

3. 儿童矮小的健康指导

儿童矮小症是指儿童身高低于同一个地区、同年龄、同性别儿童的平均身高减去 2 个标准差。应注意从营养、睡眠、运动、医学干预四方面进行健康指导。

（1）营养

根据我国制定的儿童膳食营养宝塔，每天应保证摄入适量肉类，400 ~ 500 mL 牛奶，一个鸡蛋，适量蔬菜、水果和谷物。养成规律进餐的习惯，遵循世界卫生组织制定的“3W1H”喂养原则，避免挑食偏食，保证营养均衡。

（2）睡眠

婴儿 1 岁以后，生长激素逐渐出现昼夜节律，白天分泌较少，夜间分泌较多，且生长激素的分泌高峰一般在深睡眠 1 h 后出现。因此，应保证儿童优质睡眠。平时注意规律作息，避免熬夜及睡前过度兴奋，给儿童创造一个安静舒适的睡眠环境。

（3）运动

家长应注意培养儿童健康的生活方式，养成体育锻炼的习惯，可选择儿童喜欢的运动项目，如骑车、跑步、打球、游泳等。

（4）医学干预

对于身高偏离正常较多的儿童，除生活管理外，还应指导家长定期至医院儿童生长发育门诊进行身高管理，进行骨龄、内分泌方面的检查，必要时进行医学上的干预，以免因矮小影响成年后的就业、心理健康等。

4. 儿童缺铁性贫血的健康指导

如果发现婴幼儿有面色苍白、疲乏无力、注意力不集中等症状，要指导家长去医院检查血常规看是否贫血。在每年定期的体检报告中发现提示儿童患缺铁性贫血时，应注意给家长进行生活上的健康指导。

（1）遵照医嘱补充铁剂

口服铁剂应放在两餐之间，与维生素 C 同服可促进铁的吸收。服用铁剂后可能会出现绿便或黑便，注意观察有无恶心、呕吐、食欲不振、腹泻等不良反应。注意观察面色、口唇、眼结膜和甲床部位的颜色，活动耐受力、精神状态及饮食情况。

（2）注意休息

贫血程度较轻的患儿，一般日常活动可耐受，只需保证充足的睡眠和有规律的生活，多到室外活动，但应避免剧烈活动。

（3）保持环境卫生

定时通风，保持室内空气清洁和湿润，温 / 湿度适宜，园内日常用物定期进行消毒。

（4）合理安排膳食

当前，我国经济社会快速发展，人们的生活水平不断提升，部分儿童有挑食、偏食的不良饮食习惯。由于我国饮食习惯往往是素食和主食偏多，食物搭配不合理，容易导致铁吸收不足。动物性食品，尤其是红肉类铁含量高，且吸收率高，是营养性缺铁性贫血儿童的首选补铁食物。另外，蛋黄、动物肝脏、豆制品、芝麻酱等也是铁的良好来源。饮食中搭配富含维生素 C 的蔬菜，更容易促进铁的吸收。茶、咖啡、牛奶等抑制铁吸收，应避免与含铁多的食物同时饮用。

（5）心理护理

对患儿因疾病引起的性格行为改变，要给予理解和忍耐。同时，加强对异食癖患儿的监督，以防误食损伤身体。

（6）加强教育、训练

因缺铁性贫血会影响儿童的认知发育，故对恢复期患儿要加强教育、训练，促进其智力及动作的发育。

四、婴幼儿视力、听力、牙齿保健

1. 婴幼儿视力保健

常言道，眼睛是心灵的窗户，人从外界获得的信息 80% 是由眼睛获取的，由此可见眼功能的重要性。但是，由于户外活动不足、电子产品应用过早时间过长、精细食物过多摄入等原因，我国目前存在视力问题的婴幼儿非常多。

（1）婴幼儿常见视力问题

婴幼儿常见视力问题包括弱视和屈光不正。弱视是指视觉发育期内由于异常视觉经验引起的单眼或双眼最佳矫正视力低于相应年龄正常儿童，且眼部检查无器质性病变，称为弱视。不同年龄儿童视力的正常值下限：年龄为 3 ~ 5 岁儿童视力的正常值下限为 0.5，年龄 6 岁及以上儿童视力的正常值下限为 0.7。弱视是儿童常见眼病，常造成视力低下并影响双眼视功能，需要尽早积极治疗。屈光不正包括近视、远视和散光，同样也会影响儿童视功能。

（2）弱视和屈光异常的原因

1）遗传。早产儿、小于胎龄儿、发育迟缓患儿的一级亲属有弱视及孕期吸烟、喝酒等环境因素。

2）斜视，两眼度数相差较大。

3）长时间近距离用眼、过早接触手机和电脑等电子产品、户外活动时间减少等。

（3）弱视和屈光异常的危害

弱视和屈光异常会造成儿童视力低下，造成儿童学习和生活不便，学习内容无法看清楚，影响学习成绩和自信心的建立。弱视还会导致儿童立体视觉缺陷。立体视觉是视觉器官对三维空间各种物体的远近、前后、高低、深浅和凸凹的感知能力。弱视儿童不能准确地判断物体的方位和远近，影响未来的发展。

（4）婴幼儿视力异常的早期发现

1）定期视力检查。有条件的托幼机构要每年对婴幼儿视力进行一次普查，家长也可自购准视力表，挂在光线充足的墙上，在 5 m 远处让儿童识别。检查时一定要分别遮住一只眼睛，不可双眼同时看，防止单眼弱视被漏检。若发现 3 ~ 5 岁儿童视力低于 0.5，6 岁及以上儿童视力低于 0.7，或两眼视力相差 2 行及以上，都应在 2 周~ 1 个月复查一次，必要时至眼科门诊就诊。

2）及早发现异常视物行为。将醒目的物品放在孩子眼前，观察其是否能及时发现；看东西时有没有异常的头位，如是否喜欢歪头、低头看；是否喜欢离得很近看；是否能稳定地注视，如果孩子的眼珠来回转动或者震颤，则有弱视的可能；走路是否常常跌倒、是否总是拿不到东西，如果是，则可能是弱视或屈光异常影响到孩子的空间感。

对于不愿配合检查视力的孩子，可通过遮盖试验来大致了解其双眼视力情况，具体方法为：有意遮盖一只眼睛，让孩子单眼注视物体，若表现很安静，而遮盖另一眼时，却抓遮盖物，这就提示未遮盖的一只眼视力可能很差，应尽早到医院检查。

（5）婴幼儿视力异常的矫治方法

一旦发现或怀疑孩子视力不佳，应尽快到医院进行验光。如需矫正，应遵照医嘱配镜，避免影响孩子视觉发育或近视度数增长过快。治疗弱视的基本策略为精确地配镜和对优势眼的遮盖，应注意早发现、早治疗，否则年龄超过视觉发育的敏感期，弱视治疗将变得非常困难。弱视的疗效与治疗时机有关，发病越早，治疗越晚，疗效越差。

（6）婴幼儿视力保健方法

1）尽早教会孩子用眼卫生。勤洗手，不能用脏手揉眼睛。将毛巾分别单独使用，定期将洗漱用具进行清洗和消毒。

2）提供宽敞明亮的学习和生活环境，注意环境照明良好，不能过亮或过暗，光线应从左前方射来，以免手部阴影妨碍视线。看书写字坐姿端正，保持高于桌面一尺左右的距离。不要看字迹太小或模糊的书报，字不要写得太小。避免长时间不间断地近距离用眼，学习 45 min，休息 5 ~ 10 min，闭眼或向远处眺望数分钟或做眼保健操，防止眼睛过度疲劳。睡眠时避免夜光灯的照射。

3）教育孩子改正不合理的用眼习惯，如趴在桌上、歪头看书或写字，躺在床上看书，吃饭时看书，在强光或昏暗的路灯、月光下看书，以及在开动的车上及走路时看书等，这些不良习惯都会使眼睛过度疲劳，降低视力的敏锐度。

4）不让孩子过早接触手机、电脑等电子产品，使用电子产品时注意控制时长和距离。眼睛与电脑屏幕保持 30 ~ 40 cm 的距离，与电视的距离以电视对角线的 5 倍为宜。

5）精细目力训练，有利于视觉发育和提高视力。精细目力训练的方法很多，应根据弱视患儿的年龄、智力和视力等情况选用。例如，用红丝线穿针，针孔大小可根据视力情况决定。也可练习刺绣、描图、绘画、书法等。精细目力训练必须使用弱视眼，每天 1 次，每次 10 ~ 15 min。精细目力训练是儿童弱视治疗成功的重要环节，家长要重视这种简便易行的训练，并常抓不懈。

6）充分接触阳光能有效保护视力。尽量保证孩子每天 2 h 以上的户外活动，接触自然光，促进视力发育。

2. 婴幼儿听力保健

听力语言残疾（聋哑症）位居我国各类残疾的首位，而听力损害是最常见的出生缺陷，国内外研究资料表明，新生儿的听力障碍发生率为 1% ~ 3%。

（1）听力损失的风险因素

1）先天性听力损失的风险因素包括遗传性因素和非遗传性因素。非遗传性因素主要为妊娠和分娩过程中的某些并发症，如孕期感染风疹病毒、弓形虫、巨细胞病毒等，接触有害物质，不当使用耳毒性药物（如氨基糖甙类、细胞毒性药物、抗疟药和利尿剂等），窒息，高胆红素血症等。

2）后天性听力损失的风险因素

①年龄，随着年龄的增长听力损失的风险增高。

②环境，如职业噪声环境。

③感染，如脑膜炎、中耳炎等。

④耳毒性药物。

⑤耳部外伤。

⑥不健康的生活方式，如吸烟、酗酒、高脂肪饮食等。

（2）婴幼儿听力障碍的危害

儿童处于生长发育期，婴幼儿阶段是学习语言的关键时期，此时如发生听力障碍，不仅会导致聋哑、言语发育迟缓，还会造成情绪发展障碍、社会交往困难。然而临床发现，儿童听力障碍多在 2 岁以后才被发现，这就错过了儿童语言快速发育的时期，延误了康复的最佳时机。

（3）婴幼儿听力障碍的早期发现

1）轻、中度听力障碍儿童的行为特点。近期异常烦躁或孤独，不愿交流，注意力不集中，常常答非所问，反问较多，常把电视音量调大，唱歌或做操合不上节拍。

2）重度听力障碍儿童的行为特点。过分安静地睡觉，常被认为是老实，多动易怒，喜欢自己玩，不合群，可能被误认为是孤独症。

3）听力障碍的预警征。头后仰，走路不稳（合并前庭异常）；6 月龄不会寻找声源；12 月龄对近旁的呼唤无反应，不能发单字词音；24 月龄不能按照成人的指令完成相关动作，不能模仿成人说话（不看口形）或说话别人听不懂；36 月龄吐字不清或不会说话，总要求别人重复讲话；常用手势表示主观愿望。

如果发现孩子对声音无反应或反应迟钝，应该立即就医，尽快到耳科门诊或听力中心检查听力。

（4）婴幼儿听力障碍的矫治方法

若怀疑孩子有听力障碍，应及时到医院进行诊治，确切了解听力状况，根据听力损失的程度佩戴合适的助听器。若听力损失严重或佩戴助听器效果差，应尽早进行人工耳蜗植入手术。

（5）婴幼儿听力保健方法

1）给孩子洗澡、洗头时注意别让污水灌进耳道，以防外耳炎及中耳炎。不要自行清洁外耳道，避免造成损伤。避免头部外伤和外耳道异物。

2）有中耳炎时尽早治疗，避免引起听力损伤。

3）远离强声或持续的噪声环境，避免使用耳机。

4）定期复查听力。

5）孩子如有以下异常，应及时就诊：耳部及耳周皮肤出现异常，外耳道有分泌物或异常气味，有拍打或抓耳部的动作，有耳痒、耳痛、耳胀等症状，对声音反应迟钝，语言发育迟缓。

3. 婴幼儿口腔保健

人的一生有乳牙和恒牙两副牙齿，一般 4 ~ 10 月龄乳牙开始萌出，2 ~ 2.5 岁左右乳牙出齐，恒牙在 6 岁左右开始萌出。婴幼儿阶段养成良好的口腔保健习惯，对儿童的营养摄入、生长发育、咀嚼功能、发音和语言功能及诱导恒牙的萌出具有重要的意义。

（1）婴幼儿常见口腔问题

常见口腔问题包括牙齿排列不整齐、咬合异常（俗称的地包天）、龋齿等。

（2）婴幼儿口腔问题的常见原因

1）口腔不良习惯

①吮指习惯，会导致牙齿排列不齐。

②口呼吸习惯，不仅会影响牙齿排列，造成面部发育的异常，还会因为夜间缺氧等问题导致生长发育、听力及免疫功能等各个方面受到严重影响，出现身高增长减慢、听力下降等问题，因此需要引起足够重视。

③唇习惯，包括咬下唇、吮吸下唇、下唇兜上唇等，以吮吸下唇最为常见。这些行为会对上下前牙产生异常的压力，使上牙向外倾斜、下牙向内倾斜，形成前牙深覆盖，从而影响外观。

2）卫生习惯不良。部分家长没有给孩子养成良好的口腔卫生习惯，例如，没有及时断夜奶，奶嘴使用过久，没有按时刷牙、漱口，或者家人有口腔疾病未及时诊治致使致病菌传染给孩子等。

（3）婴幼儿常见口腔问题的危害

牙齿排列不齐、龋齿等婴幼儿常见口腔问题会影响其外观。龋齿对儿童全身和局部的影响都很大。由于病齿疼痛，造成偏侧咀嚼习惯，久之致使面部发育不对称，进而继发牙髓炎、根尖炎、牙源性囊肿或间隙感染、败血症等。当多个牙齿发生龋齿时，就会影响正确发音，给儿童造成一定的心理负担。同时，病齿疼痛以及乳牙早失会导致咀嚼功能降低，营养物质消化吸收受到影响，从而造成营养不良，影响生长发育。龋齿又可成为慢性病灶，引起肾炎、风湿热等。严重的龋齿会造成营养摄入不足，影响儿童生长发育，甚至造成颌面部、颅内以及全身感染。

（4）婴幼儿常见口腔问题的矫治方法

对于儿童牙齿排列不齐，可遵医嘱在适宜年龄进行矫正。发现龋齿应及时到医院就诊，在刚发现龋齿时就要及时充填补牙，防止龋洞变深变大。因为儿童龋齿容易并发严重疾病，因此不要等着被恒牙替换。

（5）婴幼儿口腔保健方法

1）养成良好的进餐习惯。减少糖分的摄入，养成喝白开水的习惯。注意规律进食，避免单次进餐时间过长或频繁进食。

2）注意刷牙、漱口。家园配合共同保护儿童的口腔健康。要共同督促儿童养成早晚刷牙、饭后漱口的良好习惯，睡前刷牙更加重要，因为夜间间隔时间长，更宜细菌繁殖。睡前禁止进食。

牙齿未萌出时，家长可用干净的纱布缠在手指上，蘸温水后擦洗婴儿口腔、按摩牙龈。牙齿萌出后，用清水刷牙。孩子会配合吐漱口水后，家长使用含氟儿童牙膏帮孩子刷牙。注意使用正确的刷牙方法，如圆弧刷牙法。

每次进餐后一定要给孩子喝适量的白开水，给不会漱口的孩子喝适量白开水冲掉口腔内的食物残渣，会漱口的孩子应进行漱口。

3）定期涂氟。婴儿第一颗乳牙萌出后，就应该涂氟，而不能等乳牙出齐了再涂氟。

4）预防性窝沟封闭。儿童可在 3 ~ 4 岁（乳磨牙）、6 ~ 7 岁（第一恒磨牙）、11 ~ 13 岁（第二恒磨牙）这几个年龄段进行窝沟封闭，将易于产生龋病的牙齿咬合面、颊舌面窝沟点隙封闭，使牙齿免受食物和细菌的侵蚀，从而防止龋病的发生。

5）定期进行口腔检查。定期进行口腔检查，能够帮助筛查龋齿高危婴幼儿。

培训项目 4 行为干预

培训单元　婴幼儿发育行为异常的初步干预

培训重点

- 了解婴幼儿发育行为异常的表现及影响因素。
- 了解婴幼儿发育行为障碍的基本处理。

知识要求

一、婴幼儿发育行为异常的表现

1. 智力发育障碍

智力发育障碍，一般是指由于大脑受到器质性的损害或是由于脑发育不完全，造成认识活动的持续障碍以及整个心理活动的障碍，其症状是感知速度减慢，接受视觉通路的刺激比听觉刺激容易。主要表现为：注意力严重分散，注意广度非常狭窄；记忆力差、言语能力差，只能讲简单的词句；思维能力低，缺乏抽象思考能力、想象力和概括力，不能举一反三；基本无数字概念，靠机械记忆能学会简单的加减计算；情绪不稳，自控力差，意志薄弱，缺乏自信；交往能力差，难以学会人际交往。

2. 学习障碍

学习障碍是指在阅读、语言、拼写、运动、推理、计算能力等一个或多个方面存在明显的障碍，但是智力并没有明显的障碍。其病因可能与遗传、家庭、疾病、心理及营养与代谢等因素相关。主要表现为阅读困难、拼写困难、计算困难等。

3. 缺陷多动障碍

缺陷多动障碍又称多动症，是在儿童的成长过程中比较常见的一种儿童心理障碍，指在儿童达到一定的年龄阶段之后出现的注意力和现有发育水平不一致的情况，表现为明显和周围环境、当时情景不相符的过多运动。例如，上课坐在课桌上，反复的肢体动作比较多，一些扭动身体等小动作，甚至离开座位做一些活动，还有些爬行动作，很难保持一种安静的状态或者处于某种比较休闲、放松的状态。话也比较多，而且讲话的内容和方式往往不太合时宜。脾气急躁、容易冲动，做事不计后果。

4. 语言发育迟缓

语言发育迟缓是指由各种原因引起的儿童口头表达能力或语言理解能力明显落后于同龄儿童的正常发育水平。智力低下、听力障碍、构音器官疾病、中枢神经系统疾病、语言环境不良等因素均是儿童语言发育迟缓的常见原因。其主要表现是发音不准确，或者不能连续说话。

5. 发育性协调障碍

发育性协调障碍是以运动技能障碍为主要特征，存在视知觉、本体感觉和运动觉等多种运动控制环节的缺陷，同时存在精细运动、肢体运动和平衡能力等多类运动技能的缺陷。主要表现为：行为笨拙、邋遢，精细动作和粗大动作控制困难，身体意识和姿势稳定性差，读写困难和执笔怪异，同时可伴有注意力缺陷等认知功能损害和焦虑、忧郁、社会适应能力不良等情绪障碍问题，将直接影响患儿成年以后的认知水平和社会适应能力。发育性协调障碍不会随着年龄增长而消失，但经过训练，患儿在熟悉的体能活动和日常生活上会有明显的进步。

二、发育行为异常的影响因素

1. 遗传生物学因素

（1）高危出生史。

（2）早产、低出生体重。

（3）出生缺陷。

（4）遗传疾病。

（5）原因不明的先天易感因素。

（6）发育迟缓。

（7）出生后疾病影响。

（8）慢性疾病。

（9）体弱。

（10）难养气质类型。

2. 家庭因素

（1）家庭贫困。

（2）养育者更换（父母离异、丧偶等）。

（3）家庭成员重病。

（4）受到虐待与忽视。

（5）生活在单亲家庭。

（6）生活环境恶劣。

（7）家长缺乏科学育儿知识。

（8）母子早期分离。

（9）领养和寄养。

（10）缺乏同胞竞争。

3. 社会环境因素

（1）卫生条件差。

（2）生活在贫困、贫民区。

（3）环境污染。

（4）都市化步伐快。

（5）受到环境压力（包括学习）。

（6）遭受校园暴力。

（7）社会不良风气影响。

（8）战争、动乱。

（9）文化冲突。

（10）电视、网络传媒的影响。

三、攻击行为婴幼儿的观察

保育员应选择某一个场景，观察攻击行为发生时孩子的攻击频率、次数、强度，了解攻击行为发生的原因及停止攻击的原因，并进行详细记录。表 3–2 为喝水场景攻击行为观察记录表。

表 3–2　喝水场景攻击行为观察记录表

被观察人：　　　　男□　　　　女□

观察日期：　　　　起止时间：　　　　观察者：

<table>
<tr><th rowspan="2">攻击背景</th><th colspan="2">攻击发起者</th><th colspan="4">攻击类型</th><th colspan="8">攻击原因</th><th colspan="2">攻击终止者</th></tr>
<tr><th>男</th><th>女</th><th>身体攻击</th><th>言语攻击</th><th>间接心理攻击</th><th>对权力的攻击</th><th>空间争夺</th><th>无故挑衅他人</th><th>抢夺他人物品</th><th>还击报复</th><th>保护自己物品</th><th>违反纪律</th><th>接水先后争抢</th><th>其他</th><th>教师</th><th>其他幼儿</th></tr>
<tr><td rowspan="3">喝水场景</td><td colspan="2">轻度</td><td></td><td></td><td></td><td></td><td></td><td></td><td></td><td></td><td></td><td></td><td></td><td></td><td colspan="2" rowspan="2">被攻击者</td></tr>
<tr><td colspan="2">中度</td><td></td><td></td><td></td><td></td><td></td><td></td><td></td><td></td><td></td><td></td><td></td><td></td></tr>
<tr><td colspan="2">重度</td><td></td><td></td><td></td><td></td><td></td><td></td><td></td><td></td><td></td><td></td><td></td><td></td><td>男</td><td>女</td></tr>
<tr><td>合计</td><td colspan="2"></td><td></td><td></td><td></td><td></td><td></td><td></td><td></td><td></td><td></td><td></td><td></td><td></td><td></td><td></td></tr>
</table>

四、改善婴幼儿攻击行为的策略

1. 语言策略

（1）描述性语言策略

描述性语言策略是指客观性地描述孩子如何做以及做了什么，叙述发生的事实，不掺杂任何个人主观色彩。例如，在沙盘游戏中，保育员在与小小沟通时使用描述性的语言："我看到你取了一条大恐龙。"这样的表达传达出保育员中立的态度。具有攻击性行为的孩子往往有很强的防御心理且内心脆弱敏感，需要保育员营造安全接纳的氛围，对孩子评价用描述性语言，以中立的态度来关注他周围所发生的一切，这不仅可以减弱孩子的心理防御，减少对保育员的抵抗情绪，还可以促进孩子对保育员的信任，促使其对自身行为的觉察与反思，这样他才能全身心地融入到各种活动中。

（2）肯定性语言策略

肯定性语言是指有积极意义、肯定意义、正面情绪的话语。例如在游戏中，保育员看到孩子取了半杯沙子，说“幸好还有半杯沙子”，而不是说“竟然只剩半杯沙子了”，这样的语言可以传达出保育员为孩子营造的积极向上的氛围。

（3）启发性语言策略

婴幼儿在游戏过程中，如果没有得到积极的回应，没有得到保育员的关注支持和赞美鼓励，自信心很容易受到打击，内心感到失落、痛苦、焦虑等，他们就会产生情绪。如果发生这类情况，他们会选择用玩具撞击玩具、发出难听的声音等来发泄情绪。而启发性的语言，会使他们感到保育员的认真倾听和陪伴，增强对保育员的信任，拉近与保育员的距离，他们就会愿意与保育员分享自己的想法和感受，保育员也更容易引导他们积极正向地宣泄和转移自己的情绪，进而获得身心愉悦，健康成长。

2. 动作策略

（1）行为策略

在游戏时如果保育员的表情严厉，孩子就会感到不安，在整个游戏过程中表现得急躁、不开心，甚至用手里的玩具或书本攻击保育员，因此，保育员不能使用严厉的表情，否则会促使孩子更加焦虑、无助，从而做出攻击行为。保育员若运用微笑的表情关注有攻击行为的孩子，孩子会很放松、自然，并能够激发出他的好奇心，与保育员交流的次数也会不断增加。因此，保育员需要多使用微笑的、轻松的表情，使孩子减少焦虑，从而减少攻击行为的发生。

（2）站位策略

站位策略，就是要将孩子的无意识整合到有意识中去，即将无意识意识化，其前提是减弱孩子的心理防御机制。

其一，保育员为孩子提供一个独立、自由、安全、舒适的空间，为减弱孩子的心理防御创造一个良好的外在环境。自由是指避免孩子产生压迫感，使他在玩具与玩具之间有足够灵活的活动余地，与保育员也保持足够的距离。由于有攻击行为的孩子比一般孩子有更强烈的心理防御机制，因此保育员离得太近会让他感觉到被侵犯被打扰，而距离太远又没有办法让其感受到保育员全身心的陪伴。

其二，保育员在正前方会让孩子感到压抑，在正后方又会让孩子出现不安情绪，只有当保育员在孩子侧后方的一定距离处观察整个活动过程时，才能让他既感到保育员的陪伴与关注，又不至于受到保育员的干扰。对于这类孩子来说，这是一种没有压力、自由、不受干扰、充满亲和力的环境，也就不会使其产生抵抗心理。

3. 情感支持策略

保育员的动作一定要是充满爱的、温柔的、轻轻的，它代表的是关怀、接纳和理解，只有当孩子感受到安全和受保护，才会愿意与保育员拉近心的距离，从而激发积极正向的能量，减少和改善不良行为。

五、有攻击行为婴幼儿的初步干预

1. 了解有攻击行为孩子的个人资料

例如，叮叮是某幼儿园大班的一名幼儿，今年6岁，男孩，是家里的独生子。叮叮爸爸是名货车司机，每天早出晚归，很少陪伴叮叮，叮叮妈妈没有固定职业。爸爸给别人拉货需要卸货时就让妈妈帮忙，工作时间不稳定，妈妈不帮爸爸卸货的时候就在家里待着。叮叮爸爸脾气暴躁，没有耐心，认为孩子不听话就必须要打，不打不成才。在外人眼里爸爸不太爱说话，只知道干活。叮叮妈妈爱说，而且语速很快，只要与人交流，唠叨的就全是关于叮叮的事，如果不打断她就会一直说下去。妈妈对叮叮的期望值很高，而爸爸则经常拿别人的孩子与叮叮比较，嫌弃叮叮没有别的孩子优秀，说叮叮该挨打。夫妻俩在家里很少交流，只要在一起说话就会大吵。妈妈经常反驳爸爸说：你从小被打到大也没见你成才！所以夫妻俩很少心平气和地交流。

2. 了解问题形成的原因

叮叮这样的情况，是其父母家庭教育影响所致。据研究，家暴中的婴幼儿会出现怨恨、逆反、畏惧、自卑、暴躁、孤独、撒谎等心理或行为问题。

3. 对有攻击行为孩子进行社会评价

叮叮是个非常帅气的小男孩，头发有些自来卷，皮肤白皙。家长们反映叮叮是个爱打人的孩子，在幼儿园每天都要打别人几次，还咬过人，而且跟不上同龄孩子的发展。随着年龄的增长，大班幼儿已经开始喜欢阅读一些知识层面更深的书籍了，而叮叮虽然看不懂，他见别人读也跟着读，但却不理解书里的内容，他的阅读能力还停留在中班孩子的阅读水平上。老师反映叮叮学知识慢，手工不会做，学坏学得快、学好学得慢，午睡的时候喜欢摸别人，玩积木跟别人抢。叮叮爱学奥特曼打架，小朋友的家长经常找叮叮的妈妈告状，吓得她放学都不敢来接叮叮。

4. 接纳孩子的攻击行为

婴幼儿的攻击性行为受其自身道德发展水平与自我控制能力的影响。道德水平越高，就越容易站在他人的立场上思考问题，其行为也就越接近于与攻击行为相反的亲社会行为。自我控制能力较强的孩子，其攻击行为较少。婴幼儿的攻击行为也受其人格特点的影响。具有攻击行为的孩子往往具有高冲动性的特征，如脾气暴躁、易被激怒等。而且，他们的价值观往往与社会正常的价值取向相背离，从而形成易怒情绪特点和攻击行为模式。婴幼儿的攻击行为还受其自身的社交能力水平与个体固有经验的影响。如果孩子经常遭到他人的排斥或父母的虐待，缺乏正常的交往技能，就会用暴力的方式解决问题。保育员要接纳具有攻击性行为的孩子，不要评判他们的行为，尊重他们的个体差异。

5. 干预攻击行为

（1）提高孩子的社会认知水平与移情能力

第一，社会认知水平与婴幼儿的攻击行为有密切的关系。婴幼儿对攻击行为的控制能力主要依赖其社会认知水平。一般来说，婴幼儿的社会发展水平越低，就越倾向于忽视其他人的利益、痛苦和幸福。相反，社会认知水平越高，就越易于站在他人的立场上考虑问题，其行为就会向着与攻击行为相反的亲社会行为方向发展。所以，避免婴幼儿的攻击行为要提高其社会认知水平。

第二，有研究表明，攻击行为与婴幼儿的移情能力是负相关的关系。如果让攻击者充分体验其攻击行为给他人带来的痛苦，就能有效地减少和避免其攻击行为。例如，当孩子对他人进行人身攻击时，引导他回忆自己摔倒时的疼痛，告诉他怎样做才是受欢迎的，这样就能使其体会到他人的痛苦，从而减少和避免攻击行为。

（2）帮助孩子掌握解决社会性冲突的策略与技能

婴幼儿由于缺乏知识、经验，自控能力较弱，社交能力比较低，所以当同伴之间产生矛盾冲突时，经常会因为缺乏解决人际关系问题的策略而采取攻击行为。例如，当别的小朋友拿自己的玩具时，小班的幼儿会去抢，迫使小朋友把玩具还给自己，由此而发生冲突。而大班的幼儿就会采取不一样的策略，他们会向对方要回自己的玩具。因此，当孩子遇到自己无法解决的社会性冲突与矛盾时，应教他们多向老师和家长请教，可以开展谈话活动、情景表演、故事讲述等，组织他们参与讨论、学习、观察，为他们树立正确的榜样，鼓励他们使用非攻击性的方式，如等待、合作、谦让等，减少和避免攻击行为。

（3）引导孩子掌握正确的心理宣泄法

弗洛伊德认为，应鼓励人们时不时地发泄内心的不满，否则这种冲击性冲突积聚到一定极限就会以暴力的形式发泄出来。宣泄是一种有效地消除攻击行为与愤怒的方法。在允许的范围内，要使孩子学会在对他人和自己没有伤害的情况下进行适宜合理的宣泄。例如，在情绪失控或愤怒的情况下，可以将其攻击对象转换成物品，如没用的玩具或者沙袋，让其发泄，并在事后告诉他发脾气不但不能解决问题，反而会给他人带来伤害，这样既满足了孩子的心理需要，也可以使其被压抑的情绪释放出来，还有助于减少和避免攻击行为。

（4）在安排教育活动时要考虑婴幼儿的身心发展特点

孩子一天中 1/3 的时间都是在园所中度过，因此保育员在安排教育活动时要充分考虑婴幼儿的身心发展特点，为其创造一个积极的环境，同时要提供充足的玩具，减少环境中易产生攻击行为的要素。保育员在给孩子分发玩具时应为他们分配任务，尽量让他们在游戏中学会合作、分享等团结精神。当他们在活动中产生矛盾冲突时，保育员要耐心教诲，合理运用各种方式使他们意识到合作的重要性，从而减少攻击行为。

（5）转变家庭教育方式，努力发现孩子身上的闪光点

“望子成龙”“望女成凤”在传统的中国家长心中已根深蒂固，每个家长都希望自己的孩子优秀，甚至是拿自己的孩子与其他小朋友相比，长此以往，孩子就会产生自卑心理，从而导致攻击行为。家长在教育孩子的过程中要善于发现他们的优点。人无完人，具有攻击行为的孩子虽然具有这样那样的缺点，但也有其闪光点，如爱探索、聪明、有主见等，这些优点往往因为家长的主观看法而被忽略。家长可以换个角度看，发觉其闪光点及其潜能，在教育孩子时多鼓励，让其感受到表扬与关心，这是教育具有攻击行为儿童极其有效的方法。

（6）正确运用大众传媒的影响

婴幼儿受大众传媒的影响较大，他们很容易将大众传媒中的暴力行为转化为现实。因此，婴幼儿应在成人的指导下观看对他们有益的影视作品。家长在为孩子选择动画片等影视作品时，一定要考虑其身心发展的特点，选择能让他们感受到关心、温暖、团结合作精神的作品，教育引导孩子减少和避免攻击行为，提高他们的亲社会行为。

职业模块 四

辅助教育活动与家长工作

培训项目 1　辅助室内教育活动

培训单元 1　参与组织室内教学活动

- 了解幼儿教育活动的内容及指导要点。
- 掌握婴幼儿教育活动的组织形式和教学方法。
- 能运用科学的观念配合教师开展婴幼儿教育活动。

一、幼儿教育活动内容及目标（3～6 岁）

1. 健康领域——增强幼儿体质，培养健康生活的态度和行为习惯

健康是指人在身体、心理和社会适应方面的良好状态。幼儿阶段是儿童身体发育和机能发展极为迅速的时期，也是形成安全感和乐观态度的重要阶段。发育良好的身体、愉快的情绪、强健的体魄、协调的动作、良好的生活习惯和基本生活能力是幼儿身心健康的重要标志，也是其他领域学习与发展的基础。

（1）身心状况

1）具有健康的体态。

2）情绪安定愉快。

3）具有一定的适应能力。

（2）动作发展

1）具有一定的平衡能力，动作协调、灵敏。

2）具有一定的力量和耐力。

3）手的动作灵活协调。

（3）生活习惯与生活能力

1）具有良好的生活与卫生习惯。

2）具有基本的生活自理能力。

3）具备基本的安全知识和自我保护能力。

2. 科学领域——激发幼儿的好奇心和探究欲望，发展认知能力

幼儿的科学学习是在探究具体事物和解决实际问题中，尝试发现事物间的异同和联系的过程。幼儿在对自然事物的探究和运用数学解决实际生活问题的过程中，不仅获得丰富的感性经验，充分发展形象思维，而且初步尝试归类、排序、判断、推理，逐步发展逻辑思维能力，为其他领域的深入学习奠定基础。

（1）科学探究

1）亲近自然，喜欢探究。

2）具有初步的探究能力。

3）在探究中认识周围事物和现象。

（2）数学认知

1）初步感知生活中数学的有用和有趣。

2）感知和理解数、量及数量关系。

3）感知形状与空间关系。

3. 社会领域——增强幼儿的自尊、自信，培养幼儿关心、友好的态度和行为，促进幼儿个性健康发展

幼儿社会领域的学习与发展过程是其社会性不断完善并奠定健全人格基础的过程。人际交往和社会适应是幼儿社会学习的主要内容，也是其社会性发展的基本途径。幼儿在与成人和同伴交往的过程中，不仅学习如何与人友好相处，也在学习如何看待自己、对待他人，不断发展适应社会生活的能力。良好的社会性发展对幼儿身心健康和其他各方面的发展都具有重要影响。

（1）人际交往

1）愿意与人交往。

2）能与同伴友好相处。

3）具有自尊、自信、自主的表现。

4）关心尊重他人。

（2）社会适应

1）喜欢并适应群体生活。

2）遵守基本的行为规范。

3）具有初步的归属感。

4. 语言领域——提高幼儿语言交往的积极性、发展语言能力

语言是交流和思维的工具。幼儿期是语言发展，特别是口语发展的重要时期。幼儿语言的发展贯穿于各个领域，也对其他领域的学习与发展有着重要的影响：幼儿在运用语言进行交流的同时，也在发展着人际交往能力、理解他人和判断交往情境的能力、组织自己思想的能力。通过语言获取信息，幼儿的学习逐步超越个体的直接感知。

（1）倾听与表达

1）认真听并能听懂常用语言。

2）愿意讲话并能清楚地表达。

3）具有文明的语言习惯。

（2）阅读与书写准备

1）喜欢听故事、看图书。

2）具有初步的阅读理解能力。

3）具有书面表达的愿望和初步技能。

5. 艺术领域——丰富幼儿的情感，培养初步的感受美、表现美的情趣和能力

艺术是人类感受美、表现美和创造美的重要形式，也是表达自己对周围世界的认识和情绪态度的独特方式。

（1）感受与欣赏

1）喜欢自然界与生活中美的事物。

2）喜欢欣赏多种多样的艺术形式和作品。

（2）表现与创造

1）喜欢进行艺术活动并大胆表现。

2）具有初步的艺术表现与创造能力。

二、保教结合的教育原则

1. 保教结合的内涵

“保教结合”在我国幼儿园教育大纲中有明确规定，也是学前教育一贯坚持的原则。保教结合是一个整体概念，“保”和“教”是教育整体的不同方面，同时对婴幼儿产生影响。

“保”就是保护婴幼儿的健康。健康的内涵十分广泛，有身体方面的，有心理方面的，还有社会方面的。身体方面包括预防疾病，加强营养和锻炼，使婴幼儿有健康的体魄；心理方面是指培养婴幼儿良好的情绪，注重其健康、积极的情感培育；社会方面是指培养婴幼儿探索环境、适应社会的能力，同时还要培养婴幼儿良好的交往能力，使婴幼儿不仅有与他人交往的勇气，又掌握与他人交往的技巧。以前人们更多的是重视婴幼儿身体上的健康，而忽视了婴幼儿心理和社会方面的健康，致使一些婴幼儿情绪不高、波动大，封闭、孤僻，不知道如何与他人交往，这是不能称为健康的。

“教”就是按照体、智、德、美的要求，有目的、有计划地对婴幼儿进行全面发展的教育。教育内容包括五大领域，即健康、语言、科学、艺术、社会性，包括合理安排婴幼儿的饮食、睡眠，帮助他们养成良好的生活习惯；传授知识经验，发展智力、语言及社会适应能力；培养积极的情感和良好的个性品质。学前教育的教育形式不同于中小学，要根据婴幼儿具体的年龄特点和兴趣，选择合适的教学方法。

2. 保教结合原则的贯彻

学前教育教学原则贯穿于学前教育教学活动的全过程和各个方面，它对制订教育教学计划、选择和使用教材、确定教学方法和组织形式等都具有指导作用。保教人员只有正确理解和灵活运用这些原则，才能保证教育教学质量，有效地完成教育教学任务。

（1）思想性原则

思想性原则是指在全部学前教育教学活动中，必须向婴幼儿进行辩证唯物主义教育和共产主义道德品质教育，贯彻完成德育的任务，并寓德育于各项活动之中。根据婴幼儿身心发展的特点和实际情况，婴幼儿期的德育主要是培养婴幼儿爱祖国、爱人民、爱劳动、爱科学、爱护公共财物以及团结友爱、诚实、勇敢、不怕困难、有礼貌、守纪律等优良品德，培养文明行为习惯和活泼开朗的性格。

从小就抓紧良好的品德教育，为培养有理想、有道德、有文化、有纪律的一代新人打下坚实的基础。

（2）科学性原则

科学性原则是指向婴幼儿传授的知识、技能应该是正确的、可靠的，是符合客观规律的，教学内容安排、教学组织形式的选择和教学方法的运用应符合婴幼儿年龄特点和认识事物的规律，是切实可行的。婴幼儿期是一个人身心发展最迅速的时期，如果在教育教学中违背科学性原则，不顾婴幼儿的年龄特点和认识事物的规律，向婴幼儿灌输一些似是而非、不切实际、非科学性的知识，不仅影响婴幼儿当前的进步，也会给他们以后的发展造成障碍。也就是说，要保证学前教育教学全过程的科学性。

（3）发展性原则

发展性原则是指学前教育的教育教学活动要能促进婴幼儿个性的全面发展，即智力、体力、道德、意志、情感等的发展，使婴幼儿从现有的发展水平向最近发展区发展。

根据维果茨基的“最近发展区”原理，只有走在发展前面的教学才是良好的教学，即教学不应跟在发展的后面或在已达到的发展水平上进行，而应在没有完全成熟但是正在形成的心理功能的基础上进行。也就是说，选择的教育内容既不宜低估或迁就婴幼儿的年龄特点，错过发展的机会，又不可揠苗助长，超过发展的可能性，这样才能使婴幼儿在最近的发展区获得尽可能的发展和提高。

（4）直观性原则

直观性原则是指利用婴幼儿的各种感官和已有经验，通过各种直观手段吸引婴幼儿的注意力，丰富婴幼儿的直接经验和感性知识，帮助婴幼儿形成正确的概念，获取知识和技能，发展智力。通常运用的主要直观手段有以下几种：

1）实物直观，包括观察实物、标本，实地参观，做小实验等。

2）模具直观，包括观察图片、图书、玩具、模型、贴绒、教具、沙盘等。

3）电化教育直观，包括使用幻灯、录像、电影、电视、录音、唱片等。

4）语言直观，指教师的语言描述生动、形象、准确。

5）动作直观，包括演示、示范、教态等。

（5）启发性原则

启发性原则是指在教育教学活动中保教人员必须善于启发诱导，充分调动婴幼儿学习的主动性和积极性，激发婴幼儿的求知欲望和探索精神，引导婴幼儿积极思考，提高婴幼儿主动获取知识和运用知识的能力。这就要求保教人员善于引导婴幼儿注意仔细观察周围的事物，组织安排婴幼儿参加丰富多彩的活动，寓教育于具体、生动、形象与兴趣盎然的活动之中，促使婴幼儿对周围事物和现象产生热爱、兴趣、好奇心，产生学习知识的要求和内在动机，主动开动脑筋，思考问题。要培养婴幼儿初步的抽象能力和创造能力，充分调动他们运用已有的知识，通过自己的智力活动去获得更多的知识和技能。

（6）趣味性原则

趣味性原则是指在教育教学活动中，保教人员必须使各教学环节充满趣味，以引起婴幼儿的学习兴趣，激发婴幼儿学习的积极性和求知欲，使婴幼儿在愉快的气氛中，带着喜悦的情绪全身心地投入到活动中去，进而获取知识和技能，即要寓教育于娱乐之中。这就要求在学前教育的教育教学活动中，必须结合婴幼儿的特点，以活动全过程各个环节的趣味性来激发婴幼儿学习的兴趣和主动性、积极性，让婴幼儿在整个活动中保持较持久的注意力，身心处于最活跃的状态，内在的潜能得到充分的发挥。

（7）实践性原则

实践性原则是指在学前教育的教育教学活动中，保教人员要以婴幼儿的实际活动为基点，创设各种情景，组织各种活动，使婴幼儿在原有的发展水平上，通过与物体相互作用的操作活动及与教师和同伴的交往活动，各方面的能力都得到训练和提高。

对于婴幼儿来说，直觉动作思维仍然占据相当大的成分，很多知识只有通过不断的操作、反复的实践，才能使婴幼儿在智力水平、知识技能、行为习惯以及道德品质等方面都不断地得到发展和提高。实践性原则应当贯穿于学前教育教学活动的各个方面，也贯穿于教育教学活动的始终。

三、婴幼儿教育活动的组织形式

目前，托幼机构组织婴幼儿活动的主要形式一般有三种，即集体活动、小组合作活动和个别活动。

1. 集体活动

集体活动是以整个班级为单位进行的，它以引导婴幼儿交流、分享各自的经验、解决共同问题为主，同时，通过整合经验，引起新的认知冲突，体验共同探索、表达的欢乐情感。

一般来说，集体活动适合以下教学情景：一是大部分婴幼儿对某些话题都有兴趣，需解决共性的疑问和困惑时；二是需要保教人员帮助婴幼儿积累、提升和分享必需的经验与重要的体验时。

例如，刚过完暑假后回园，每个孩子都有自己丰富多彩而又各不相同的假期生活，可以组织假期生活交流活动。由于全体孩子都有自己丰富的亲身经验，所以，这个集体活动就会在保教人员的引导下进行得有声有色，不仅锻炼了孩子的表达能力，更使他们的经验得到了总结提升和交流分享，从而达到了教育活动的最佳效果。

又如，进行了自由探索活动“好玩的磁铁”后，教师需要组织集体活动来进一步总结和解释磁铁现象，让孩子们个别的、零散的甚至是假象的知识全面化、系统化、准确化，进一步了解物理现象后的本质，从而使孩子们掌握的知识更加清晰和深入。

2. 小组合作活动

小组合作活动一般以 4 ~ 6 人为单位进行，它是一种或者由保教人员按就近原则分组，或者让有共同兴趣的孩子自由结伴，相互之间通过分工、协商和合作而进行的一种活动形式。

一般而言，分组活动适合以下教学情景：一是部分孩子有类似的生活经验或共同的兴趣爱好时；二是绝大部分孩子对学习材料存有疑问、矛盾和困惑从而需要一起商讨解决时。

例如，建构活动“搭建建筑物”，由于材料不一，有积木、插塑、雪花片等，孩子们喜欢搭建的内容也不同，有的喜欢搭建房子，有的喜欢搭建桥梁等，保教人员就可以让孩子们根据自己的兴趣爱好结伴分组，然后共同合作完成作品。

又如，室外活动“寻找春天”，保教人员引导孩子们三三两两一组，分别找到自己的兴趣点进行感知、观察，并分别进行讨论。如有的小组在观察“春天的树”，然后一起提出疑问并讨论“树皮怎么不一样颜色”，而有的小组在观察天空，有的小组在讨论“怎么不下雨”等问题，各小组形成了不同的关注点。于是，合作探究小组自然形成了。

小组活动的形式活泼实用，能够使孩子们自然相聚、成为合作学习小组。当孩子们面对共同关注的话题，互相协商、分工合作，为共同目标而努力时，还会萌发初步合作意识和规则精神，有利于婴幼儿社会性的正常发展。

3. 个别活动

个别活动是以每个孩子为单位单独进行的，它是以个别操作、个别思考、积累个体经验为主的活动形式。

个别活动一般适用于个体有不同的兴趣和需要时，或者个别活动的方式更能发挥婴幼儿不同的认知风格而提高其活动效率时。

例如，看图讲述活动“风娃娃”，保教人员出示图片后，先让孩子们自己观察、小声讲述，用自己的认知方式感知图片、理解内容，然后发挥自己的想象力编出合理的故事内容，再讲给大家听。这时候，你会发现孩子们的讲述内容迥异、想象奇特，原因就是个别教学帮助孩子们按自己的活动方式自主探索，满足了个体的兴趣和需求，从而最大限度地满足了孩子们的个性、激发了他们的积极性。

目前，随着教育改革的不断推进，学前教育正打破以前那种以集体教学活动为主的组织形式，呈现了灵活多样的组织形式，如小组合作活动和个别活动等，满足了不同发展水平和不同个性需求的婴幼儿发展的需要。这里要注意的是，选择哪种活动形式，关键是看这种活动组织形式是否与教育目标、教育内容和婴幼儿的发展需要相适应，只有合适的，才是最好的。

四、婴幼儿教育活动的教学方法

教学方法是指为了完成一定的教学任务，师生在共同活动中采用的手段，它既包括教的方法，又包括学的方法。

1. 观察法

观察法是指在教育活动中，保教人员依据教育目标，向婴幼儿提供实物、图片、直观教具、录像等可以使他们感知的材料，使婴幼儿通过观察获得相应知识、情感及行为技能的一种教学方法。

观察对象不同，观察方法也不同。例如，图片观察，一般适合于顺序观察法；要观察容易混淆的事物，如鸭和鹅，或麦和稻等，一般用对比观察法效果会比较好；如果是特征明显的事物，像孔雀或骆驼，就要抓住其尾巴和驼峰作为首要观察部位，采用典型特征观察法；而有一些需要一定时间才能观察全面的事物，如种子发芽或蚕的四态变化，则要采用追踪观察法。保教人员只有引导婴幼儿选择适合的观察方法，才能最大限度地实现教育目标。

运用观察法时，保教人员应注意以下三点：一是要根据教育任务的实际需要进行选择；二是观察前要做好充分的物质和心理准备；三是教具的运用要适当，避免分散婴幼儿的注意力。

2. 讲解法

讲解法是指保教人员以口头语言对教育内容进行系统、生动的解释，以使婴幼儿较系统地理解教育内容、掌握正确方法的一种教学方式。

讲解法是传统教学中最常用的方法之一，其利弊皆有。

（1）讲解法的优点

1）主题明确，易于婴幼儿接受，可以使其在较短的时间内获得较多的知识。

2）有利于保教人员有目的地向婴幼儿进行教育，便于保教人员控制教育过程、发挥主导作用。

3）婴幼儿对所教知识性内容反馈及时，保教人员可根据其回答及时调整讲解的重点或方法等。

（2）讲解法的弊端

1）婴幼儿以倾听教师讲解为主，没有充分的机会对所学内容进行实践验证，理解不够深刻。

2）语言讲解相对单调，婴幼儿的注意力不易保持，学习积极性、主动性不易充分发挥。

3）讲解的内容、方法统一，很难照顾到个体差异，不利于婴幼儿个性发展。

运用讲解法时，教师要注意以下三点：第一，讲解语言要注意口语化；第二，讲解方式要直观形象；第三，讲解方式要尽量多样化。

3. 演示法

演示法是指保教人员上课时，配合自己的讲解，把实物或教具（包括图片、多媒体等）展示给婴幼儿，或者向婴幼儿做示范性的实验，来形象说明或再次验证所传授的知识或方法的一种教学方式。运用演示法应当注意以下几个问题：

（1）演示的时机要恰当，不能提前或延迟。

（2）演示教具的大小和颜色要合理，大小要让每个孩子能够看清楚，色彩要鲜艳，画面要清楚，且形象突出、典型。

（3）示范教具要丰富多样，有一定数量，能够从不同角度反映所学内容。

（4）如果是动作的示范演示，保教人员要选好位置，面向全体，还要注意放慢示范速度、声音洪亮等。

4. 行为练习法

行为练习法是指在保教人员指导下，婴幼儿通过独立的智力、体力和情感活动，运用已有的知识、观念解决有关问题，或反复多次完成某些动作和行为，以进一步理解和巩固已有的知识、观念，并培养相应的技能技巧和形成良好的行为习惯的教学方式。保教人员在运用行为练习法时，应注意以下四点：

（1）要使婴幼儿明确练习的目的和要求，并掌握相应的知识。

（2）要注意练习的难度和强度，使每个孩子都能接受。

（3）注意练习方式的多样性，充分尊重和发挥婴幼儿的主动性和积极性。

（4）练习行为要循序渐进，并反复进行，做到持之以恒。

五、婴幼儿心理发展特点在教育教学中的应用

1. 婴幼儿感知觉发展规律在教育教学中的应用

婴幼儿的感知觉发展存在一定的规律，如感知觉的适应规律、对比规律、整体性、选择性、错觉等，都应当灵活运用到教育教学中。利用感知觉规律组织教学，能在很大程度上提高教学效果。

第一，在视觉上，应当利用感知觉对比规律，突出观察对象。例如，在固定不变的背景上，活动的刺激物容易被婴幼儿知觉为对象。根据这个规律，教师应当尽量多地利用活动示范、活动教具，如幻灯、录像等，使婴幼儿容易感知观察对象，获得清晰的知觉。又如，制作教具时，要充分运用对比规律，背景和主题对象要在颜色、质地等方面加大对比度，如对浅色的知觉对象把背景颜色加深，而对深色的知觉对象就要换成浅色背景，用对比来加大区别，以便于婴幼儿观察清楚。

第二，在听觉上，要利用感知觉规律，突出重点内容。例如，因为声音刺激的各部分在时间上组合（即时距）的接近、语音的前后对比等都是人们区分听觉对象的重要条件。所以，教师讲课时声调抑扬顿挫、节奏明显，婴幼儿就会注意力集中，容易抓住重点；相反，如果教师讲课语调平直，很少变化，或毫无停顿之处，那么婴幼儿听起来就比较困难。尤其是对于讲课的重点内容，教师要充分利用声音的有效间隔、音调的先抑后扬、音量的先小后大等，来突出强调某些内容，让婴幼儿自然而然地注意听讲，从而抓住学习的重点。

2. 婴幼儿注意力的发展规律在教育教学中的应用

婴幼儿的注意力不稳定，易转移。在教育活动中，如何吸引婴幼儿的注意力，保持学习的兴趣不受到外界无关刺激的干扰，是保证教育活动有效性的一个重要方面。保教人员应当做到以下几点：

（1）选择能够吸引婴幼儿注意力的教具

教具的选择，在很大程度上决定着婴幼儿注意力是否会集中。教师应当充分考虑什么样的教具是婴幼儿最感兴趣的、吸引其注意力的。实物教具和活动教具最利于吸引婴幼儿的注意力。例如，在常识课上，一条在鱼缸里游来游去的金鱼，远比一张颜色、形态逼真的金鱼图片吸引婴幼儿的注意力；在故事课上，一个活动的小指偶、一段活泼的动漫课件，其吸引力也远远超过一幅静态的挂图或一本图画书。

（2）排除教学环境中的无关刺激因素

教育活动中，如果单纯地凭保教人员一人的活动内容来吸引婴幼儿是远远不够的。因为婴幼儿的有意注意时间比较短，小班仅仅 5 min 左右，大班也只有 10 min，在教育活动中，如果教育环境中出现了无关刺激，婴幼儿会很容易被吸引，导致注意力分散，影响学习效果。这时，保育员要配合好带班教师，灵活及时地排除环境中的无关刺激。例如，活动前，帮助教师把窗帘拉上（幼儿园一般是半截式的窗帘），以防止外面走廊上有人走动时造成干扰。又如，教师和保育员不要频繁更换衣服或发型，也不要佩戴过多、过大的首饰，不穿另类的奇装异服等，因为这些都会成为在活动中吸引婴幼儿的无关刺激，造成注意力分散。

（3）培养婴幼儿的注意力

培养婴幼儿注意力的方法有多种，下面简单介绍几种比较常见的方法，以帮助提高婴幼儿的注意力。

1）拼图：让孩子学会拼图，并逐渐增加拼图的难度和速度。

2）下棋：学习简单棋类的玩法，如飞行棋、军棋、跳棋、五子棋等。

3）听故事：先向孩子提出问题，让孩子带着问题去听，听完后回答，还可以要求他们听完故事后把故事的内容复述下来。

3. 婴幼儿记忆的发展特点在教育教学中的应用

婴幼儿的记忆发展水平还处在低级阶段，主要表现为以形象记忆、机械记忆为主，逻辑记忆、意义记忆正在发展中，而且受环境和情绪的影响，婴幼儿的自我控制能力差，记忆活动很容易受外界事物或自身情绪变化的干扰，缺乏稳定性、目的性。同时，记忆的遗忘规律同样适合婴幼儿阶段。教师或保育员应当结合这些记忆发展特点，帮助婴幼儿改善记忆效果，提高学习效率。

（1）帮助婴幼儿把抽象记忆转化为形象记忆

由于婴幼儿形象记忆的效果明显优于抽象记忆，所以，教师要尽可能帮助他们使用形象记忆法。例如，“1”像铅笔来写字，“2”像鸭子水中游，“3”像耳朵听声音等，这样把抽象空洞的内容变得形象有趣，婴幼儿就容易记忆。

（2）帮助婴幼儿把机械记忆变为意义记忆

虽然意义记忆的效果比机械记忆的效果好许多，但是婴幼儿受生活经验和思维水平的限制，在面对新的学习材料时却倾向于机械记忆，其结果就是：记得快忘得也快。针对这种情况，教师要帮助婴幼儿在理解内容的基础上再进行记忆，这样记忆效果会比较好。例如，教授婴幼儿背诵古诗《悯农》时，如用单纯重复跟读的机械记忆方法教婴幼儿背诵，其准确记忆的时间可能只有几天。若采用意义记忆法，即先把诗歌内容利用生动的多媒体动画或者形象的图画讲解清楚，把精练的诗歌语言还原成通俗易懂的故事语言，婴幼儿不仅记忆速度提高了，而且记忆时间也会持久。

（3）帮助婴幼儿运用多种感觉器官进行动作记忆

由于运动记忆效果比较好，学得快记得牢，而且婴幼儿处在以感觉运动思维为主的认知层次，所以教师应当帮助婴幼儿把眼、耳、口、鼻、舌、手等多种感觉器官调动起来，一起参与识记过程，提高记忆效果。例如，无论是识记水果、蔬菜，还是辨认动物、器械时，教师都应鼓励婴幼儿亲自看一看、摸一摸，或者闻一闻、尝一尝，或者摇摇晃晃、拍拍打打，甚至放到地上滚一滚、摔一摔等，目的是使婴幼儿通过视觉、听觉、嗅觉、味觉、触觉、运动觉等多种感觉渠道，从多方面全方位获得对新材料的感性认识。这种各感觉器官一起参与的识别方式，会使婴幼儿学得快记得牢，从而最大限度地提高他们的记忆效果。

（4）帮助婴幼儿及时复习减少遗忘

德国实验心理学家艾宾浩斯的记忆遗忘规律表明，人们所记忆的内容在开始的短时间内尤其是前三天遗忘迅速，之后速度减慢，21 天后几乎不再遗忘。因此，教师在教授了婴幼儿新知识后，一定要注意在当天、在本周内及时复习，尽量巩固婴幼儿的记忆内容，提高记忆效果。例如，对讲过的故事、朗诵过的儿歌、学过的手工制作等内容，及时组织婴幼儿通过各种游戏活动、比赛活动、日常生活活动等，灵活多样地进行复习巩固。这样做可以使婴幼儿在轻松愉快的情绪状况下，自然而然地巩固并掌握所学的知识与技能，而不会因为采取单调的反复刺激，让婴幼儿产生厌倦和抵触心理，影响复习效果。

4. 婴幼儿思维的发展特点在教育教学中的应用

从思维发展过程来看，人类的思维水平从低到高呈现出三种不同的状态，即直觉行动思维、具体形象思维和抽象逻辑思维。婴幼儿的思维处于低级阶段，整个婴幼儿期都是以直觉行动思维和具体形象思维为主要思维特点，婴幼儿末期才开始出现抽象逻辑思维的萌芽。所以，保教人员在平时教育教学活动中，应当注意以下几点：

（1）在幼儿园的小班、中班，教育教学活动应当以游戏、活动为主，讲授内容一定要辅助以实物、模型、手偶、挂图或幻灯、多媒体等形象化手段，以适应这个年龄段婴幼儿的思维特点。

（2）在幼儿园大班，教育教学在坚持形象化教学的同时，适当发展婴幼儿的抽象逻辑思维，对于一些简单的数学题、通俗易懂的故事，教师可以适当尝试使用抽象的语言教学。

5. 婴幼儿想象力的发展特点在教育教学中的应用

婴幼儿想象的内容从总体上看还是很贫乏的，可以借助的想象表象种类很少，想象内容零碎、不完整，彼此之间也缺乏联系，5 岁后幼儿想象的内容才逐渐丰富、完整和系统起来。

爱因斯坦说过：想象力比知识更重要。想象力是婴幼儿思维的翅膀，想象力发达的婴幼儿，大都具备强烈的好奇心和求知欲，有学习和探究的热情，并表现出超出同龄人的意志力和乐观精神。所以，保教人员应当在平时教育教学中培养婴幼儿的想象力，保护婴幼儿的创造力。

（1）丰富婴幼儿的生活经验，为想象提供基础材料

婴幼儿头脑里充满各种事物的形象，是其想象力发展的基础。教师和保育员要经常有计划地带领婴幼儿进行参观、郊游。例如，引导他们观察春雨与秋风，辨别蝴蝶与飞蛾，启发他们认识自然与社会，领悟人类与自然。见多识广是婴幼儿创造想象的基础，头脑中有了材料，想象力就会得到较好的发展。

（2）鼓励婴幼儿大胆想象，保护其创造力

婴幼儿的想象力常常大胆离奇且超越成人，尤其是在 5 岁以后。成人一定要保护好婴幼儿想象的欲望，并鼓励他们大胆想象。例如，允许他们把一根木棒当注射器玩“医生”的游戏，把一块大积木当床玩“娃娃家”游戏；鼓励他们画出自己在月亮上荡秋千，培植出蓝色的方形西瓜……这些想象古怪而离奇、丰富而大胆，作为教师或保育员，一定不要用现实或事实来对照或约束这种想象，而是要鼓励和保护婴幼儿的这种创造力、想象力。

（3）充分利用文学、艺术形式，激发婴幼儿的想象力

艺术本身就是想象的产物，婴幼儿学习文学作品，进行艺术欣赏、表现和创造，会激发他们的想象力和创造力。例如，讲故事、猜谜语是激发婴幼儿想象力的主要途径。充满想象的童话和神话故事最能引起婴幼儿无限的遐想，所以教师要采用续编故事、排图讲述等形式来激发婴幼儿的想象力。又如，音乐和美术活动也是发展婴幼儿想象力的有效途径，可提供婴幼儿一些易于表现的音乐，让他们根据音乐自编动作，还可以让孩子画意愿画、填充画等，通过他们自己想、自己画，培养他们大胆想象、大胆尝试的能力，并鼓励他们标新立异、别出心裁。

（4）开展想象游戏，在游戏活动中发展婴幼儿的想象力

游戏是婴幼儿的基本活动，尤其是想象游戏，能很好地发挥婴幼儿的想象力。例如，在婴幼儿玩过家家时，让他们分别扮演家里的娃娃、爸爸、妈妈等角色；在玩建构游戏时，让他们搭建未来的房屋、学校等；在玩表演游戏时，引导他们表演白雪公主与七个小矮人，或者表演狐狸与乌鸦等。在这些想象游戏里，婴幼儿的思维活跃、想象丰富、表演自由，能够很好地促进和发展他们的想象力和创造力。

组织讲述健康故事教学

一、操作程序

1. 选择适合婴幼儿年龄特点的故事内容

小班的幼儿最初只能听很简短的故事，到中班时故事内容可以丰富一些，到了大班则可选择一些较长的、离他们生活较远但可以理解的故事，如动作多、对话多、故事性强、情节发展迅速又有适当反复的作品。

2. 选择形象直观、生动有趣的教学方式

采用多媒体课件、播放碟片或使用投影仪、挂图等形象化教学，用直观生动的形式配合语言向他们讲述与健康有关的故事。

3. 适当引导婴幼儿对故事进行续编或创编

提供一些图片，让孩子们自由排序并想象出不同的故事情节，最大限度地发挥他们的积极性、创造性。

二、注意事项

1. 主动了解教师的教育计划，配合教育活动

在配合教师教学活动的同时，保育员还要善于从保护身体发育、安全与卫生保健方面促进婴幼儿身体和心理发育，从回应性照护婴幼儿早期学习发展的层面开展配合工作，要区别保育和教育的岗位差异。

2. 根据各领域内容要求衔接保育结合点，避免替代教师工作

健康领域的教学活动一定要和婴幼儿不同发展阶段的肢体动作、运动能力相结合，发展婴幼儿的钻、爬、跑、跳、投掷等能力。午餐时可以融入饮食教育，让婴幼儿认知食材、感知食物、了解食物的营养成分对身体成长的重要性和与生命的关系；室外活动在接受日光浴、空气浴、水浴时，可以运用感官教学法让婴幼儿亲身体验大自然与生命的关联。

培训单元 2　协助制作常用玩具、教具

- 了解玩具、教具对婴幼儿身心发展的重要意义。
- 了解玩具、教具的类型和制作原则。
- 掌握制作玩具、教具的一般方法，能协助教师进行简单的玩具、教具制作。

一、玩具、教具对婴幼儿发展的重要意义

玩具、教具是婴幼儿游戏和学习活动的重要载体，因其直观、生动的形象，别致、多样的造型而深受婴幼儿的喜爱，在游戏和学习活动中给婴幼儿带来了巨大的乐趣，保证了教育目标的顺利完成。因此，玩具、教具在婴幼儿身心发展过程中有着重要的意义。具体表现在以下几个方面：

1. 玩具、教具符合婴幼儿的认知特点

婴幼儿的认知与学习必须借助于具体形象的事物才能够展开，玩具、教具本身的直观形象性正好符合了婴幼儿的认知特点，因此玩具、教具成为婴幼儿认知学习的重要载体，成为婴幼儿重要的学习资源，也是婴幼儿成长之路上最亲密的伙伴。

2. 玩具、教具能促进婴幼儿智力的发展

在玩具、教具的使用过程中，婴幼儿能亲自动手进行操作、探索、感知、体验，从实践操作中发现规律，掌握所需要学习的内容，从而促进智力发展。

此外，玩具、教具有不同程度的替代性，能从直观替代到符号替代，这种替代功能促进了婴幼儿思维表征功能的发展，促进了婴幼儿符号思维、抽象、概括能力的发展，最终促进了婴幼儿思维从直观形象水平向抽象逻辑水平方向的发展。

3. 玩具、教具有助于培养婴幼儿的动作协调能力

玩具、教具的使用能够提供婴幼儿的眼睛及双手同时运用的机会，在操作中，他们可以锻炼手眼协调能力以及手指的灵活性，从而提高动作的协调能力。

4. 玩具、教具能促进婴幼儿想象力与创造力的发展

建构性的玩具（如积木、雪花片、磁力棒等）可以用于开展建构游戏，培养婴幼儿的空间能力、想象力和创造力。例如，婴幼儿运用积木可以随意排列出各种各样的建筑物，运用魔术棒可以变换出无穷无尽的形状等，而这些都会刺激婴幼儿的空间能力、想象力和创造力的发展。

5. 玩具、教具能促进婴幼儿社会性的发展

玩具、教具可以促进婴幼儿社会性的发展，提高婴幼儿的社交能力。例如，当婴幼儿与其他伙伴共同操作或分享玩具时，可以拉近彼此的关系，增进彼此的友谊；婴幼儿看见同伴有一个他非常喜欢的玩具，往往就会想尽一切办法去说服同伴把玩具借给他玩，从而锻炼了自己的协商能力和谈判技巧；在玩具不够时，婴幼儿之间往往会出现争夺玩具的现象，这时候就需要婴幼儿学习如何解决争执，学会理解别人的需要，克制自己的欲望。

玩具、教具还可以让婴幼儿养成整洁有序的习惯。例如，自己的玩具每次玩完后应该摆放在一个固定的位置而不是随意乱放，玩具弄脏了要及时擦洗干净等。

二、玩具、教具的类型

托幼机构的玩具、教具种类繁多，从不同的角度有不同的划分方法。根据制作材料的不同，可以将玩具、教具分为纸制玩具、教具，泥塑玩具、教具，布艺玩具、教具等；根据功能的不同，可以将玩具、教具分为建构性玩具、教具，电动玩具、教具，益智玩具、教具，体育活动性玩具、教具，木偶表演玩具、教具等。这里着重介绍几种托幼机构里最常见的玩具、教具。

1. 纸制玩具、教具

（1）手工折纸

手工折纸材料简单，内容丰富而多变，造型生动可爱，富于立体感，不仅可以培养婴幼儿的模仿能力和动手能力，而且能发展婴幼儿的想象力和审美能力。尤其是各种美丽的彩纸、卡纸、皱纹纸等材料，会引起婴幼儿积极参与动手的兴趣，而最终的折纸成品，如可爱的纸衣服、有趣的小纸人或者飞翔的纸飞机、会蹦的纸青蛙等，更能极大地满足婴幼儿的成就感和自信心。手工折纸是很受婴幼儿喜欢的活动，所以保育员也应当学会手工折纸的具体方法。

（2）纸制头饰

头饰是婴幼儿活动中经常用到的一种玩具、教具。例如，在故事表演、角色游戏等活动中，孩子们经常需要佩戴头饰来进入角色、提高兴趣。头饰大都是用硬纸板来做材料的，通过对纸张的剪裁、绘画、粘贴、折叠等形式的加工，最后系上松紧绳或使用粘贴胶而变为成品。

（3）纸偶

纸偶是婴幼儿很喜欢的一种小型玩具、教具，最典型的就是指偶，即一种套在手指上的圆筒状纸偶。制作时，一般要选择质地较硬的纸张，裁剪好大小，围合粘贴出纸筒的基本形状，然后再在纸筒上画出脸谱、动物或植物，也可组合粘贴，在纸筒上粘贴上眉毛、嘴巴、眼睛等组成人物或其他生动可爱的动物形象。

（4）剪纸或撕纸

剪纸是我国传统的民间艺术之一，也是一种古老的益智活动，不仅能锻炼婴幼儿的手眼协调能力，还可以通过这种小肌肉动作的训练来提高婴幼儿的思维能力，培养其想象力和创造力。撕纸也是一种类似于剪纸的手工活动，但相比剪纸而言，撕纸在操作上更方便、快捷。

（5）绘制卡片

纸质卡片是托幼机构教学中经常用到的教具之一。例如，在教授婴幼儿数字时，经常要绘制数字卡片；在做小游戏时，经常要绘制卡通图片等。绘制卡片时不要用白板笔，因为白板笔的黑色不是纯黑色，所以画出来的图案效果会很差。

另外，白板笔很容易干掉，损耗比较快。要选择使用马克笔，除了颜色深之外，还可以灌注补充液来循环使用。另外，在做卡片教具时，要细心地将黑边慢慢描上，并且以粗黑为原则，这样卡片的图文看起来才会更清楚、更完整，更便于婴幼儿观察。

纸制玩具、教具不仅可以应用于教学活动，开发婴幼儿智力，还能起到美化教室环境的作用。

2. 泥塑玩具、教具

泥塑是一项传统的手工活动，通过对泥土的塑造，能够锻炼婴幼儿对形体的塑造能力、手眼和脑的协调能力，培养婴幼儿亲近泥土、亲近自然的人类天性。泥土一般选用带有黏性又细腻的干净土。目前，随着科技的发展，有各种代替泥土的材料出现，如陶土、超轻黏土、软陶、面包土等。

橡皮泥是婴幼儿喜欢的一种手工材料，它色泽鲜艳，柔软易塑，价格便宜，可以作为婴幼儿捏玩的主要材料。塑造各种活泼可爱的小动物或小玩具作品，既锻炼了婴幼儿的动手能力，又丰富了他们的审美体验。

传统泥塑的方法包括搓、压、揉、捏、贴、接等，保育员可以利用这些方法塑造婴幼儿喜欢的动物、水果等，并注意颜色搭配和谐。

3. 废旧物品制作的玩具、教具

日常生活中，总有许多废旧物品要遗弃。如果利用废旧物品的特点制作婴幼儿的玩具、教具，不仅可以节约玩具、教具的制作成本，而且可以增强婴幼儿的环保意识。

可以利用的生活废旧物品有很多种，包括纸制品（纸盒、纸箱、旧报纸、一次性纸杯、挂历）、塑料制品（汽水瓶、吸管、塑料杯、空药瓶）、金属制品（铝制啤酒罐、铁皮罐头盒等）、木制品（一次性方便筷）等，这些废旧物品都可以拿来充分利用，变成婴幼儿心爱的玩具。

在托幼机构，用过的旧图书、旧画报、蜡笔头、铅笔头、旧玩具等，也可以通过精心设计变成有趣有用的教具。自制玩具、教具材料的选取，还可以体现出本地区的特色来。例如，沿海地区可以多选用贝壳类材料，山区可以多选用竹类、木类材料，农村可以选用随处可寻的植物茎叶、动物羽毛、果实、果壳等。总之，自制教具的材料选择是无限的，可根据本园、本地情况，充分挖掘利用各种资源，制作出材质多样化的玩具、教具。

利用废旧物品制作玩具、教具需要注意以下几点：

（1）收集废旧材料时，要因地制宜，不能为制作废旧物品玩具、教具而刻意让婴幼儿搜集，从而造成家长的负担。

（2）在使用废旧物品制作玩具、教具之前，一定要做好消毒清洁工作，以防细菌感染婴幼儿，影响婴幼儿的身体健康。

（3）只要积极动脑筋，还有很多废旧物品可以利用。例如，把喝完饮料的易拉罐里面装上适量米粒，用彩色纸把瓶口粘好，可以作为婴幼儿做操时有趣的哑铃；把红薯、土豆等雕刻成星星、月亮或花朵等形状，蘸上彩色墨水，可做成彩色印章在美术活动中使用。

三、制作玩具、教具的原则

托幼机构制作玩具、教具的原则主要包括以下几个方面：

1. 科学性和教育性原则

自制玩具、教具应符合科学原理，符合托幼机构教育教学的工作特点，遵循婴幼儿教育的基本规律，内容健康，形式丰富，具有鲜明的教育性、时代性，有益于婴幼儿的身心发展。

2. 创新性和趣味性原则

自制玩具、教具应构思巧妙，设计新颖，满足婴幼儿游戏和学习兴趣的需要，满足婴幼儿发挥想象力和创造力的需要。玩具、教具的设计者、制作者要以儿童为中心，体现童心、童趣。例如，自制的玩具、教具要力求色彩鲜艳、造型别致、形式多样、内容丰富，最好有声响或者可以操作，以此来吸引婴幼儿的兴趣，并发挥婴幼儿的想象力和创造力。

3. 简易性和实用性

简易性主要表现为：一是就地取材，体现地方特色，成本低廉；二是制作方法简单，使用方便。自制玩具、教具要考虑制作成品的大小和质量等，以适合婴幼儿把玩操作为宜，过分细小和过重的玩具、教具都不适合婴幼儿使用。

实用性则主要表现在：一是要有较强的可操作性和游戏性，切忌华而不实；二是具备较强的牢固性和可推广性，而且可以重复利用、普及使用。

4. 安全性和环保性

自制玩具、教具不同于商品玩具、教具，因为它除了要考虑成品的安全性以外，还要考虑材料的环保性。所谓安全性，即在玩具、教具材料的选择、外形的设计和成品的使用上都要符合安全标准。例如，要考虑是否可用高温煮沸，或使用特殊清洁液清洁，尽量防止细菌的滋生；尽量不用二次塑料和包装泡沫等作为材料，以防这些材料释放毒素威胁婴幼儿健康；玩具、教具不能有尖锐的角、锋利的边缘；采用电动或机械装置的，要防止漏电或零件脱落；填充类自制玩具、教具的绒毛一定不要过长，以免滋生细菌或带来清洗上的困难；带音乐的玩具，其分贝不宜过高，以免伤害婴幼儿的耳膜。所谓环保性，即玩具、教具选用材料应当符合环保节约和低碳的理念。

四、自制玩具、教具的造型方法

在设计自制玩具、教具时，可以考虑以下一些造型方式。

1. 利用原形

自制玩具、教具往往是利用废旧材料制作的，各种废旧材料的外形特点不同，有些材料的外形可以直接加以利用。例如，圆形的塑料瓶盖子，就像棋子一样，充分利用这一外形特点，在瓶盖凹面贴上数字、图形、色块等不同内容，就可以将瓶盖制作成好玩的记忆棋。

2. 局部变形

通过剪切、变形或利用其中一部分等方式进行制作，也就是将材料进行局部变形，想办法利用其有价值的那些因素。

例如，孩子们穿旧的袜子，其基本形状是筒状，柔软，在里面填充丝绵或者泡沫塑料球，并用橡皮筋或绳子将其扎成一节一节的，再贴上眼睛、嘴巴，一条可爱的小毛虫就做成了。又如，牙膏包装盒是生活中常见的废旧物品，它的长方体外形及纸质特点使其具有较大可塑性，将牙膏盒中间部分剪开，并使其简单变形，就能制作出一辆小汽车，依照这种方法，可加工改造成各种特殊车辆，可以帮助婴幼儿认识、对比特殊车辆的主要特征。

3. 分解组合

有些材料可能难以直接利用其原有外形，但却可以通过连接、装订、编织等方法组合成新的形象，或者将其分解后再进行组合，制作出新的形象。如在厚纸板上画上图案，再将图案剪成几个部分，这些纸板就成了拼图板，可以将其投放在益智区里。

4. 拼接整合

有些玩具、教具是不能通过简单变形就能做成的，特别是一些立体的玩具、教具，这就需要先设计出平面图，然后按照平面图将平面材料裁剪好，最后再通过拼接、焊接、粘接、缝合等多种方式制成立体的玩具、教具。例如，幼儿园经常用到的布制玩偶，就是将碎布按动物的形状进行裁剪，然后加入棉芯进行缝合而制成的。

总之，在了解多种造型方法的基础上，根据现有的材料和制作目标，大胆发挥想象力，就能够设计制作出又实用、又好玩的玩具、教具。

【案例 4–1】

纸制玩具、教具制作——小风车

一、工作准备

卡纸一张，筷子一根，图钉一枚，剪刀一把。

二、制作步骤

1. 四角风车

（1）将卡纸剪成正方形，在四边的中线处剪一刀并折起。

（2）在卡纸中心点上钻一小孔，将图钉揿入小孔，插入筷子即可。

2. 十字风车

（1）选两色卡纸剪成两个长条，对叠成十字形，在中间钻一小孔。

（2）在小孔上揿入图钉，并把图钉插入筷子即可。

3. 葵花风车

（1）将卡纸剪成一个圆，在圆的四周均匀地剪开、折起，在中间钻一小孔。

（2）在小孔上揿入图钉，并把图钉插入筷子即可。

三、玩法

幼儿手持风车向前奔跑，可以锻炼幼儿奔跑的速度，还可以欣赏风车的叶片随风转动的样子，十分有趣。

四、注意事项

保育员在折纸活动之前，应当先了解一些具体的折纸术语及其方法，以正方形为例：

1. 对边折：正方形相对的两边对折。
2. 对角折：正方形相对的两角对折。
3. 集中折：正方形相邻的两边依虚线向对角线折。
4. 向中心折：正方形相对的两角向中心折。

【案例 4–2】

泥塑玩具制作——橡皮泥玩具

一、工作准备

彩色橡皮泥一盒，牙签几枚，橡皮泥制作工具一套。

二、制作步骤

1. 先根据需要选择好橡皮泥的颜色、大小，牙签根据需要折成几小段。

2. 利用搓、揉、压、粘、捏、抻、分、连等方法，制作出所需要的物体形象。

三、注意事项

1. 黏土、橡皮泥等材料如果有污染，可以利用面粉和植物油自制面团，作为泥塑材料。

2. 可以由浅入深地掌握制作方法，如先学习最基本的揉团、捏扁、压平等方法，再学习有难度的粘、抻、分、连等方法，粘接时手要用力。制作方法的掌握应遵循由浅入深、循序渐进的原则。

3. 每次使用完毕，都要及时将橡皮泥密封保存好。放久的橡皮泥太干太硬，不好用，可以用水浸泡 15 min，然后倒掉多余的水，用手揉捏一会儿，橡皮泥就变软可以使用了。

【案例 4–3】

利用废旧物品玩具、教具制作——蛋壳不倒翁

一、工作准备

蛋壳一个，碎布头若干，沙子若干，胶水一瓶。

二、制作步骤

1. 找一个比较完整的鸡蛋壳，上端轻轻取一个小孔，从小孔往里面装沙子，再用碎布头做一顶小帽子把鸡蛋上的小孔盖住，用胶水粘好。

2. 在蛋壳上描绘出脸谱，装饰成可爱的猪八戒模样。

培训项目 2 配合室外教育活动

培训单元 1 体操活动的组织与配合

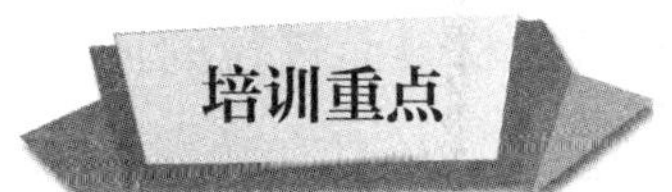

- 了解婴幼儿体操的分类和特点。
- 掌握组织体操活动的要求及工作程序。
- 能参与组织体操活动。

一、婴幼儿体操的类型和特点

婴幼儿体操主要分为徒手操、轻器械操两种类型。

1. 徒手操

徒手操依据人体各部位的特点，按照一定的程序，由举、振等一系列徒手动作组成，不需要使用任何器械或材料。徒手操的练习一般有一定的基本要求，如排列要求等。徒手操又可以细分为模仿操、韵律操、武术操等。

（1）模仿操的特点

1）形象性强，常常与儿歌相配合，使婴幼儿容易理解、记忆。

2）对动作正确性的要求不高，只要模仿得像就行了，婴幼儿容易学会并掌握。

3）形式和内容丰富多样，自由活泼，婴幼儿可以自由发挥。

注意：4 岁以下的婴幼儿一般较多采用模仿操。

（2）韵律操的特点

1）一般伴有轻松活泼、旋律简单优美、节奏感较强的儿童音乐。

2）将简单的舞蹈动作、律动动作与徒手体操动作有机结合。

注意：韵律操应尽量减少臀部的扭动或摇摆。4 ~ 5 岁幼儿一般较多采用韵律操。

（3）武术操的特点

1）由武术动作组成。

2）动作快速有力，节奏明快，能表现出勇武有神的气概。

注意：5 ~ 6 岁的幼儿一般较多采用武术操。

2. 轻器械操

轻器械操就是婴幼儿做操时手中拿着一定质量的器械或材料而进行的体操，如持哑铃、花束或绳子等。轻器械操除了具有徒手操的功能外，还具有激发兴趣、培养美感、增加运动量等功能。

轻器械操主要包括以下类别：

击响类：哑铃操、响筒操、铃鼓操、竹板操、筷子操、腰鼓操等。

棍杆操：竹竿操、花棍操、霸王鞭操、纸筒操等。

圈环操：健身圈操、藤圈操、花环操和手环操等。

绳类操：绳操、彩条操、皮筋操等。

除上述几类外，轻器械操还包括彩旗操、花束操、扇子操、玩具操等。

注意：轻器械操一般适应于 4 ~ 6 岁的幼儿。

二、组织婴幼儿体操活动的基本要求

1. 位置要求

组织婴幼儿体操活动时，要安排好合理的队形，选择适当的位置和方向。

（1）位置要选择背风、背光的方向，以防风沙或逆光影响婴幼儿对前面示范教师的观察与模仿。

（2）要保证每个孩子都能看到教师的示范动作，教师也能看到全体孩子。孩子们站成四路纵队的队形时，教师就要站在二、三路纵队的前面中间位置；若是三路纵队，则要站在一、二路或者是二、三路纵队的前面中间位置，而不能站在二路纵队的正前方。

2. 镜面示范

由于婴幼儿对左右方位的概念还有些模糊，即便大班幼儿也难以正确区分，所以在面向婴幼儿示范时，一定要坚持动作的镜面示范。所谓镜面示范，即示范者如照镜子一样地做操，一般体操的动作是遵循先左后右的顺序，但是镜面示范体操却要求示范者遵循先右后左的顺序。

因为在做镜面示范时动作是反的，所以这就要求教师在上课前要加强镜面示范练习。另外，镜面示范的动作、口令，节拍要协调准确，否则很容易造成教师所发出的口令与自己所做的动作不一致，这样就容易使孩子产生一种错误的概念。

3. 动作要求

教师示范做操时，动作要熟练、规范、有力度，口令清晰、声音洪亮并充满感情，用感情饱满的声音和动作来感染和带动孩子。同时，还要注意观察孩子做操是否认真、动作是否正确，随时提醒和纠正孩子的错误动作。有一些动作可以配合上声音，如“喵喵”的小猫叫声或“嘿”“嗨”等用力声，以增加体操的趣味性。

三、组织体操活动时保育员的配合工作

1. 孩子们进行队形排列时比较困难，保育员要协助教师让孩子们排好队形，前后左右都是整齐。

2. 做操时保育员最好站在队伍后面一起做操，并随时观察孩子们的情况，不要来回走动或讲话，以免分散孩子的注意力。

培训单元 2　体能活动的组织与配合

➔ 了解婴幼儿体质测定标准及其基本动作要领。

➔ 了解婴幼儿肢体动作发展的一般规律及安全防护常识。

➔ 能参与组织婴幼儿室外体能活动，并能解决常见问题。

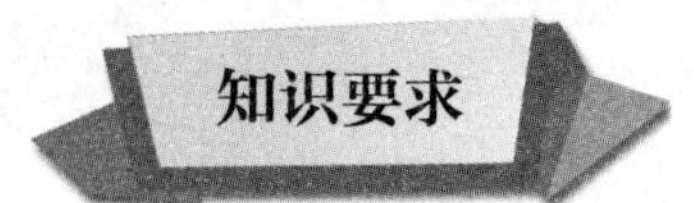

一、婴幼儿体质测定的意义

婴幼儿体质测定是针对婴幼儿形态、生理机能和基本体育活动能力而设计的，按照可靠、有效的评价理论、标准和方法，评价婴幼儿体质强弱、优劣的过程，以此来判断婴幼儿的身体发展状况。

通过体质测定，可以了解婴幼儿目前的体能状况，为制定个性化运动处方提供依据，并针对较弱的体能进行强化，评估运动前后的效果。

二、《国民体质测定标准》（幼儿部分）有关知识

1. 适用对象的分组

（1）分组和年龄范围

适用对象为 3 ~ 6 周岁的中国幼儿。按年龄、性别分组，3 ~ 5 岁每 0.5 岁为一组，6 岁为一组。男女共计 14 个组别。

（2）年龄计算方法

1）3 ~ 5 岁者

测试时已过当年生日，且超过 6 个月者：

$$年龄 = 测试年 - 出生年 + 0.5$$

测试时已过当年生日，且不满 6 个月者：

$$年龄 = 测试年 - 出生年$$

测试时未过当年生日，且距生日 6 个月以下者：

$$年龄 = 测试年 - 出生年 - 0.5$$

测试时未过当年生日，且距生日 6 个月以上者；

$$年龄 = 测试年 - 出生年 - 1$$

2）6 岁者

测试时已过当年生日者：

$$年龄 = 测试年 - 出生年$$

测试时未过当年生日者：

$$年龄 = 测试年 - 出生年 -1$$

2. 测试指标 （见表 4-1）

表 4-1 《国民体质测定标准》（幼儿部分）测试标准

类别	测试指标
形态	（1）身高 （2）体重
素质	（1）10 m 折返跑 （2）立定跳远 （3）网球掷远 （4）双脚连续跳 （5）坐位体前屈 （6）走平衡木

3. 测试方法

受试者测试前应保持安静状态，不要从事剧烈体力活动，着运动服和运动鞋参加测试。

（1）形态指标

1）身高。身高反映人体骨骼纵向生长水平。使用身高计测试，精度为 0.1 cm。测试时，受试者赤脚、呈立正姿势站在身高计的底板上（躯干挺直，上肢自然下垂，脚跟并拢，脚尖分开约 60°），脚跟、骶骨部及两肩胛间与身高计的立柱接触，头部正直，两眼平视前方，耳屏上缘与眼眶下缘最低点呈水平（见图 4-1）。记录以厘米（cm）为单位，保留小数点后 1 位数。

2）体重。体重反映人体发育程度和营养状况。使用体重秤测试，精度为 0.1 kg。测试时，受试者自然站在体重秤中央，站稳后，读取数据（见图 4-2）。记录以千克（kg）为单位，保留小数点后一位数。 注意事项：测试时，受试者要尽量减少着装；上、下体重秤时，动作要轻缓。

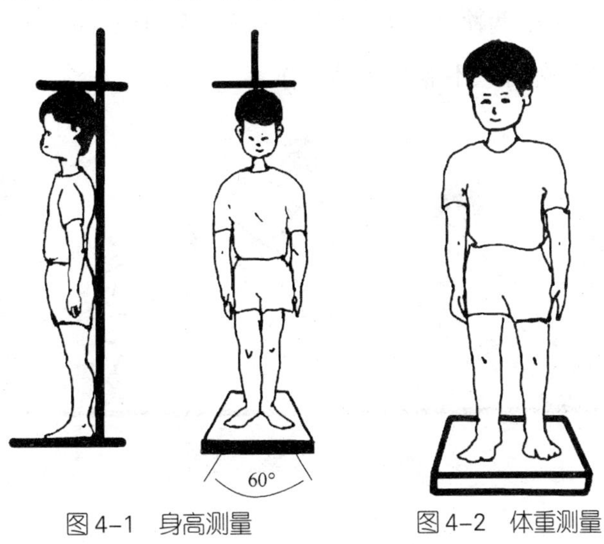

图 4-1 身高测量 图 4-2 体重测量

（2）素质指标

1）10 m 折返跑。反映人体的灵敏素质。使用秒表测试，在平坦的地面上画长 10 m、宽 1.22 m 的直线跑道若干条，在每条跑道折返线处设一手触物体（如木箱），在跑道、起终点线外 3 m 处画一条目标线（见图 4–3）。测试时，受试者至少两人一组，以站立式起跑姿势站在起跑线前，当听到"跑"的口令后，全力跑向折返线，测试员视受试者起动开表计时。受试者跑到折返处，用手触摸物体后，转身跑向目标线，当胸部到达终点线的垂直面时，测试员停表。记录以秒为单位，保留小数点后一位数。小数点后第二位数按"非零进一"的原则进位，如 10.11 s 记录为 10.2 s。注意事项：受试者应全速奔跑，途中不得串道，接近终点时不要减速；在起终点处和目标线处不得站人，以免妨碍测试。

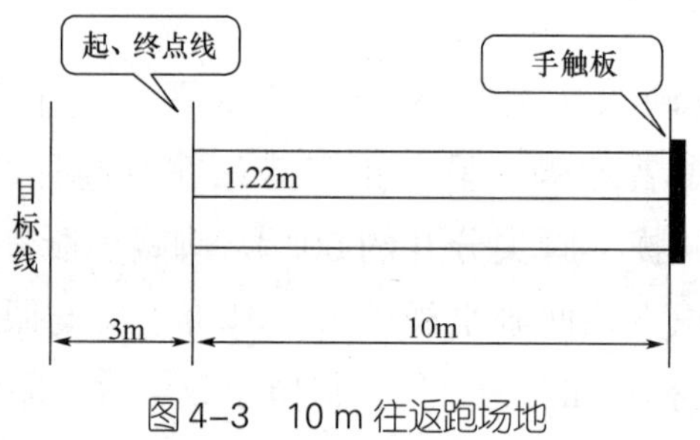

图 4–3　10 m 往返跑场地

2）立定跳远。反映人体的爆发力。使用沙坑（距沙坑边缘 20 cm 处设立起跳线）或软地面、卷尺和三角板测试。测试时，受试者双脚自然分开，站立在起跳线后，然后摆动双臂，双脚蹬地尽力向前跳，测量起跳线距最近脚跟之间的直线距离（见图 4–4）。测试两次，取最大值，记录以厘米（cm）为单位，不计小数。注意事项：受试者起跳时，不能有垫跳动作。

图 4–4　立定跳远测试

3）网球掷远。反映人体上脚和腰腹肌肉力量。使用网球和卷尺测试。在平坦地面上画一个长 20 m、宽 6 m 的长方形，在长方形内，每隔 0.5 m 画一条横线（见图 4–5），以一侧端线为投掷线。测试时，受试者身体面向投掷方向，两脚前后分开，站在投掷线后约一步距离，单手持球举过头顶，尽力向前掷出（见图 4–6）。球投出后，后脚可以向前迈出一步，但不能踩在或越过投掷线，有效成绩为投掷线至球着地点之间的直线距离。如果球的着地点在横线上，则记录该线所标示的数值；如果球的着地点在两条横线之间，则记录靠近投掷线的横线所标示的数值；如果球的着地点超过 20 m 长的测试场地，可用卷尺丈量；如果球的着地点超出场地的宽度，则重新投掷。测试两次，取最大值，记录以米（m）为单位。注意事项：测试时，严禁幼儿进入投掷区，避免出现伤害事故。

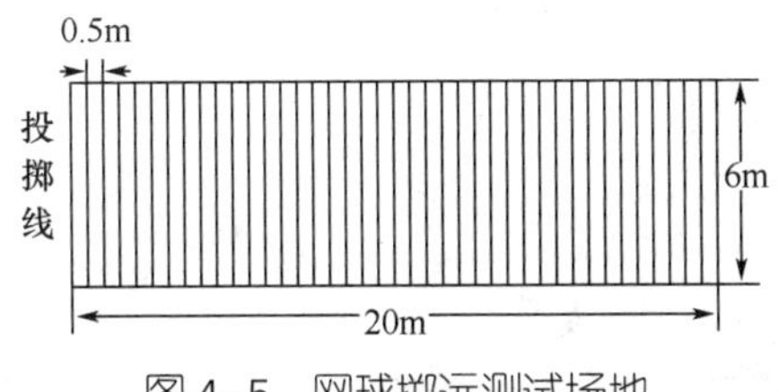

图 4–5　网球掷远测试场地

图 4–6　网球掷远测试

4）双脚连续跳。反映人体协调性和下肢肌肉力量。使用卷尺和秒表测试。在平坦地面上每隔 0.5 m 画一条横线，共画 10 条，每条横线上横置一块软方包（长 10 cm，宽 5 cm，高 5 cm），在距离第一块软方包 20 cm 处设立起跑线（见图 4–7）。测试时，受试者两脚并拢，站在起跳线后，当听到“开始”口令后，双脚同时起跳，双脚一次或两次跳过一块软方包，连续跳过 10 块软方包。测试员视受试者起动开表计时，当受试者跳过第十个软方包双脚落地时，测试员停表（见图 4–8）。测试两次，取最好成绩，记录以秒（s）为单位，保留小数点后一位数，小数点后第二位数按“非零进一”的原则进位，如 10.11 s 记录为 10.2 s。注意事项：测试时，如果受试者两次单脚起跳跨越软方包、踩在软方包上或将软方包踢乱则重新测试。

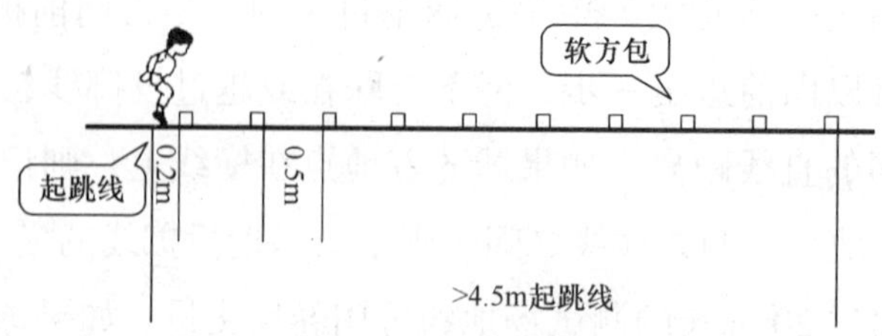

图 4–7　双脚连续跳测试场地

图 4–8　双脚连续跳测试

5）坐位体前屈。反映人体柔韧性。使用坐位体前屈测试仪测试。测试时，受试者坐在垫上，双脚伸直，脚跟并拢，脚尖自然分开，全脚掌蹬在测试仪平板上，然后掌心向下，双臂并拢平伸，上体前屈，用双手中指指尖推动游标平滑前移，直至不能移动为止（见图 4–9）。测试两次，取最大值，记录以厘米（cm）为单位，保留小数点后一位数。注意事项：测试前，受试者应做准备活动，以防肌肉拉伤；测试时，膝关节不得弯曲，不得有突然前振的动作；记录时，正确填写正负号。

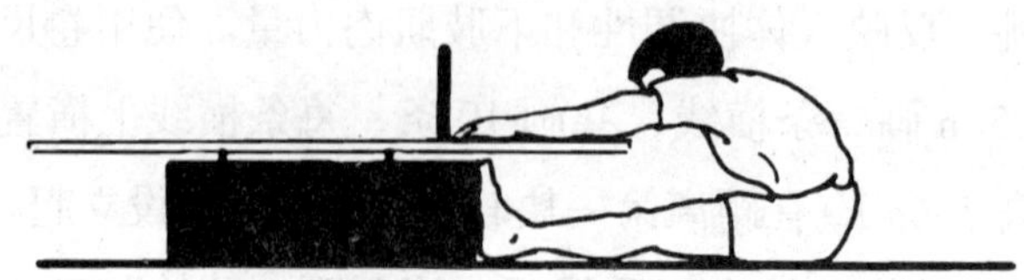
图 4–9　坐位体前屈测试

6）走平衡木。反映人体平衡能力。使用平衡木（长 3 m，宽 10 cm，高 30 cm；平衡木的两端为起点线和终点线，两端外各加一块长 20 cm、宽 20 cm、高 30 cm 的平台）和秒表测试。测试时，受试者站在平台上，面向平衡木，双臂侧平举，当听到“开始”口令后前进。测试员视受试者起动开表计时（见图 4–10），当受试者任意一个脚尖超过终点线时，测试员停表。测试两次，取最好成绩，记录以秒（s）为单位，保留小数点后一位数，小数点后第二位数按“非零进一”的原则进位，如 10.11 s 记录为 10.2 s。注意事项：测试时，受试者如中途落地须重试；要安排人员对受试者进行保护。

图 4–10 走平衡木测试

4. 评定标准

（1）评定方法与标准

采用单项评分和综合评级进行评定。单项评分包括身高标准体重评分和其他单项指标评分，采用 5 分制。综合评级根据受试者各单项得分之和确定，共分四个等级：一级（优秀）、二级（良好）、三级（合格）、四级（不合格）。任意一项指标无分者，不进行综合评级。综合评级标准等级得分：一级（优秀）＞31 分，二级（良好）28 ~ 31 分，三级（合格）20 ~ 27 分，四级（不合格）＜20 分。

（2）身高标准体重评分标准（见表 4–2、表 4–3）

表 4–2 3 ~ 6 岁幼儿身高标准体重（男）

身高段（cm）	体重（kg）				
	1分	3分	5分	3分	1分
76.0 ~ 76.9	＜8.6	8.6 ~ 9.3	9.4 ~ 11.7	11.8 ~ 12.4	＞12.4
77.0 ~ 77.9	＜8.7	8.7 ~ 9.5	9.6 ~ 11.8	11.9 ~ 12.5	＞12.5
78.0 ~ 78.9	＜8.9	8.9 ~ 9.7	9.8 ~ 11.9	12.0 ~ 12.6	＞12.6
79.0 ~ 79.9	＜9.1	9.1 ~ 9.8	9.9 ~ 12.1	12.2 ~ 12.8	＞12.8
80.0 ~ 80.9	＜9.2	9.2 ~ 10.0	10.1 ~ 12.3	12.4 ~ 12.9	＞12.9

续表

身高段（cm）	体重（kg）				
	1分	3分	5分	3分	1分
81.0 ~ 81.9	<9.4	9.4 ~ 10.1	10.2 ~ 12.5	12.6 ~ 13.1	>13.1
82.0 ~ 82.9	<9.6	9.6 ~ 10.2	10.3 ~ 12.7	12.8 ~ 13.3	>13.3
83.0 ~ 83.9	<9.8	9.8 ~ 10.4	10.5 ~ 12.9	13.0 ~ 13.5	>13.5
84.0 ~ 84.9	<10.0	10.0 ~ 10.5	10.6 ~ 13.1	13.2 ~ 13.8	>13.8
85.0 ~ 85.9	<10.1	10.1 ~ 10.7	10.8 ~ 13.3	13.4 ~ 14.0	>14.0
86.0 ~ 86.9	<10.3	10.3 ~ 10.9	11.0 ~ 13.6	13.7 ~ 14.2	>14.2
87.0 ~ 87.9	<10.5	10.5 ~ 11.1	11.2 ~ 13.8	13.9 ~ 14.5	>14.5
88.0 ~ 88.9	<10.7	10.7 ~ 11.3	11.4 ~ 14.0	14.1 ~ 14.7	>14.7
89.0 ~ 89.9	<10.9	10.9 ~ 11.5	11.6 ~ 14.3	14.4 ~ 14.9	>14.9
90.0 ~ 90.9	<11.1	11.1 ~ 11.7	11.8 ~ 14.5	14.6 ~ 15.2	>15.2
91.0 ~ 91.9	<11.3	11.3 ~ 11.9	12.0 ~ 14.7	14.8 ~ 15.4	>15.4
92.0 ~ 92.9	<11.3	11.3 ~ 12.1	12.2 ~ 15.0	15.1 ~ 15.6	>15.6
93.0 ~ 93.9	<11.7	11.7 ~ 12.3	12.4 ~ 15.2	15.3 ~ 15.9	>15.9
94.0 ~ 94.9	<11.9	11.9 ~ 12.5	12.6 ~ 15.4	15.5 ~ 16.1	>16.1
95.0 ~ 95.9	<12.1	12.1 ~ 12.7	12.8 ~ 15.7	15.8 ~ 16.4	>16.4
96.0 ~ 96.9	<12.4	12.4 ~ 12.9	13.0 ~ 16.0	16.1 ~ 16.6	>16.6
97.0 ~ 97.9	<12.6	12.6 ~ 13.2	13.3 ~ 16.2	16.3 ~ 16.9	>16.9
98.0 ~ 98.9	<12.8	12.8 ~ 13.5	13.6 ~ 16.5	16.6 ~ 17.2	>17.2
99.0 ~ 99.9	<13.0	13.0 ~ 13.7	13.8 ~ 16.8	16.9 ~ 17.5	>17.5
100.0 ~ 100.9	<13.3	13.3 ~ 14.0	14.1 ~ 17.0	17.1 ~ 17.7	>17.7
101.0 ~ 101.9	<13.5	13.5 ~ 14.3	14.4 ~ 17.3	17.4 ~ 18.0	>18.0
102.0 ~ 102.9	<13.7	13.7 ~ 14.6	14.7 ~ 17.6	17.7 ~ 18.3	>18.3
103.0 ~ 103.9	<13.9	13.9 ~ 14.9	15.0 ~ 17.9	18.0 ~ 18.6	>18.6
104.0 ~ 104.9	<14.1	14.1 ~ 15.2	15.3 ~ 18.2	18.3 ~ 18.9	>18.9
105.0 ~ 105.9	<14.4	14.4 ~ 15.6	15.7 ~ 18.5	18.6 ~ 19.3	>19.3
106.0 ~ 106.9	<14.6	14.6 ~ 15.8	15.9 ~ 18.8	18.9 ~ 19.6	>19.6
107.0 ~ 107.9	<14.8	14.8 ~ 16.0	16.1 ~ 19.1	19.2 ~ 19.9	>19.9
108.0 ~ 108.9	<15.0	15.0 ~ 16.2	16.3 ~ 19.4	19.5 ~ 20.3	>20.3
109.0 ~ 109.9	<15.3	15.3 ~ 16.5	16.6 ~ 19.9	20.0 ~ 20.7	>20.7
110.0 ~ 110.9	<15.6	15.6 ~ 16.8	16.9 ~ 20.2	20.2 ~ 21.0	>21.0
111.0 ~ 111.9	<15.9	15.9 ~ 17.1	17.2 ~ 20.5	20.6 ~ 21.4	>21.4

续表

身高段（cm）	体重（kg）				
	1分	3分	5分	3分	1分
112.0 ~ 112.9	＜16.2	16.2 ~ 17.4	17.5 ~ 20.9	21.0 ~ 21.9	＞21.9
113.0 ~ 113.9	＜16.5	16.5 ~ 17.7	17.8 ~ 21.3	21.4 ~ 22.2	＞22.2
114.0 ~ 114.9	＜16.8	16.8 ~ 17.9	18.0 ~ 21.8	21.9 ~ 22.6	＞22.6
115.0 ~ 115.9	＜17.1	17.1 ~ 18.1	18.2 ~ 22.1	22.2 ~ 23.1	＞23.1
116.0 ~ 116.9	＜17.4	17.4 ~ 18.3	18.4 ~ 22.5	22.6 ~ 23.5	＞23.5
117.0 ~ 117.9	＜17.8	17.8 ~ 18.5	18.6 ~ 22.9	23.0 ~ 24.0	＞24.0
118.0 ~ 118.9	＜18.1	18.1 ~ 18.7	18.8 ~ 23.4	23.5 ~ 24.5	＞24.5
119.0 ~ 119.9	＜18.5	18.5 ~ 18.9	19.0 ~ 23.8	23.9 ~ 25.0	＞25.0
120.0 ~ 120.9	＜18.9	18.9 ~ 19.2	19.3 ~ 24.3	24.4 ~ 25.5	＞25.5
121.0 ~ 121.9	＜19.3	19.3 ~ 19.5	19.6 ~ 24.7	24.8 ~ 26.0	＞26.0
122.0 ~ 122.9	＜19.6	19.6 ~ 20.0	20.1 ~ 25.3	25.4 ~ 26.5	＞26.5
123.0 ~ 123.9	＜20.0	20.0 ~ 20.4	20.5 ~ 25.8	25.9 ~ 27.1	＞27.1
124.0 ~ 124.9	＜20.4	20.4 ~ 20.8	20.9 ~ 26.3	26.4 ~ 27.7	＞27.7
125.0 ~ 125.9	＜20.8	20.8 ~ 21.3	21.4 ~ 26.9	27.0 ~ 28.3	＞28.3
126.0 ~ 126.9	＜21.2	21.2 ~ 21.7	21.8 ~ 27.4	27.5 ~ 28.9	＞28.9
127.0 ~ 127.9	＜21.6	21.6 ~ 22.2	22.3 ~ 28.0	28.1 ~ 29.5	＞29.5
128.0 ~ 128.9	＜22.0	22.0 ~ 22.6	22.7 ~ 28.6	28.7 ~ 30.2	＞30.2
129.0 ~ 129.9	＜22.5	22.5 ~ 23.1	23.2 ~ 29.2	29.3 ~ 30.9	＞30.9
130.0 ~ 130.9	＜22.9	22.9 ~ 23.6	23.7 ~ 29.8	29.9 ~ 31.6	＞31.6
131.0 ~ 131.9	＜23.4	23.4 ~ 24.1	24.2 ~ 30.5	30.6 ~ 32.3	＞32.3
132.0 ~ 132.9	＜23.8	23.8 ~ 24.6	24.7 ~ 31.2	31.3 ~ 33.1	＞33.1
133.0 ~ 133.9	＜24.3	24.3 ~ 25.1	25.2 ~ 31.9	32.0 ~ 33.8	＞33.8
134.0 ~ 134.9	＜24.8	24.8 ~ 25.7	25.8 ~ 32.7	32.8 ~ 34.6	＞34.6
135.0 ~ 135.9	＜25.3	25.3 ~ 26.2	26.3 ~ 33.4	33.5 ~ 35.5	＞35.5
136.0 ~ 136.9	＜25.8	25.8 ~ 26.8	26.9 ~ 34.2	34.3 ~ 36.3	＞36.3
137.0 ~ 137.9	＜26.3	26.3 ~ 27.4	27.5 ~ 35.0	35.1 ~ 36.9	＞36.9
138.0 ~ 138.9	＜26.8	26.8 ~ 28.0	28.1 ~ 35.8	35.9 ~ 37.5	＞37.5
139.0 ~ 139.9	＜27.4	27.4 ~ 28.6	28.7 ~ 36.6	36.7 ~ 38.2	＞38.2
140.0 ~ 140.9	＜27.9	27.9 ~ 29.2	29.3 ~ 37.5	37.6 ~ 38.9	＞38.9
141.0 ~ 141.9	＜28.4	28.4 ~ 29.9	30.0 ~ 38.5	38.6 ~ 39.7	＞39.7
142.0 ~ 142.9	＜29.0	29.0 ~ 30.6	30.7 ~ 39.6	39.7 ~ 40.6	＞40.6

续表

身高段（cm）	体重（kg）				
	1分	3分	5分	3分	1分
143.0 ~ 143.9	＜29.7	29.7 ~ 31.3	31.4 ~ 40.6	40.7 ~ 41.6	＞41.6
144.0 ~ 144.9	＜30.4	30.4 ~ 31.9	32.0 ~ 41.7	41.8 ~ 42.6	＞42.6
145.0 ~ 145.9	＜31.0	31.0 ~ 32.5	32.6 ~ 42.7	42.8 ~ 43.7	＞43.7

表 4–3　身高标准体重评分表（女）

身高段（cm）	体重（kg）				
	1分	3分	5分	3分	1分
76.0 ~ 76.9	＜8.9	8.9 ~ 9.0	9.1 ~ 11.6	11.7 ~ 12.9	＞12.9
77.0 ~ 77.9	＜9.0	9.0 ~ 9.1	9.2 ~ 11.8	11.9 ~ 13.1	＞13.1
78.0 ~ 78.9	＜9.1	9.1 ~ 9.3	9.4 ~ 12.0	12.1 ~ 13.2	＞13.2
79.0 ~ 79.9	＜9.3	9.3 ~ 9.5	9.6 ~ 12.2	12.3 ~ 13.3	＞13.3
80.0 ~ 80.9	＜9.5	9.5 ~ 9.7	9.8 ~ 12.4	12.5 ~ 13.5	＞13.5
81.0 ~ 81.9	＜9.7	9.7 ~ 10.0	10.1 ~ 12.6	12.7 ~ 13.7	＞13.7
82.0 ~ 82.9	＜9.9	9.9 ~ 10.2	10.3 ~ 12.8	12.9 ~ 13.9	＞13.9
83.0 ~ 83.9	＜10.1	10.1 ~ 10.4	10.5 ~ 13.1	13.2 ~ 14.1	＞14.1
84.0 ~ 84.9	＜10.3	10.3 ~ 10.6	10.7 ~ 13.3	13.4 ~ 14.4	＞14.4
85.0 ~ 85.9	＜10.5	10.5 ~ 10.8	10.9 ~ 13.5	13.6 ~ 14.6	＞14.6
86.0 ~ 86.9	＜10.7	10.7 ~ 11.0	11.1 ~ 13.7	13.8 ~ 14.8	＞14.8
87.0 ~ 87.9	＜10.9	10.9 ~ 11.2	11.3 ~ 14.0	14.1 ~ 15.1	＞15.1
88.0 ~ 88.9	＜11.1	11.1 ~ 11.4	11.5 ~ 14.2	14.3 ~ 15.3	＞15.3
89.0 ~ 89.9	＜11.3	11.3 ~ 11.6	11.7 ~ 14.4	14.5 ~ 15.6	＞15.6
90.0 ~ 90.9	＜11.5	11.5 ~ 11.8	11.9 ~ 14.7	14.8 ~ 15.8	＞15.8
91.0 ~ 91.9	＜11.7	11.7 ~ 12.1	12.2 ~ 14.9	15.0 ~ 16.1	＞16.1
92.0 ~ 92.9	＜11.9	11.9 ~ 12.3	12.4 ~ 15.2	15.3 ~ 16.3	＞16.3
93.0 ~ 93.9	＜12.1	12.1 ~ 12.5	12.6 ~ 15.4	15.5 ~ 16.6	＞16.6
94.0 ~ 94.9	＜12.3	12.3 ~ 12.7	12.8 ~ 15.7	15.8 ~ 16.8	＞16.8
95.0 ~ 95.9	＜12.5	12.5 ~ 13.0	13.1 ~ 15.9	16.0 ~ 17.1	＞17.1
96.0 ~ 96.9	＜12.7	12.7 ~ 13.2	13.3 ~ 16.2	16.3 ~ 17.4	＞17.4
97.0 ~ 97.9	＜13.0	13.0 ~ 13.4	13.5 ~ 16.5	16.6 ~ 17.7	＞17.7
98.0 ~ 98.9	＜13.2	13.2 ~ 13.7	13.8 ~ 16.7	16.8 ~ 18.0	＞18.0

续表

身高段（cm）	体重（kg）				
	1分	3分	5分	3分	1分
99.0 ~ 99.9	＜13.4	13.4 ~ 13.9	14.0 ~ 17.0	17.1 ~ 18.2	＞18.2
100.0 ~ 100.9	＜13.6	13.6 ~ 14.2	14.3 ~ 17.3	17.4 ~ 18.5	＞18.5
101.0 ~ 101.9	＜13.9	13.9 ~ 14.4	14.5 ~ 17.6	17.7 ~ 18.8	＞18.8
102.0 ~ 102.9	＜14.1	14.1 ~ 14.7	14.8 ~ 17.9	18.0 ~ 19.1	＞19.1
103.0 ~ 103.9	＜14.3	14.3 ~ 14.9	15.0 ~ 18.2	18.3 ~ 19.5	＞19.5
104.0 ~ 104.9	＜14.6	14.6 ~ 15.2	15.3 ~ 18.5	18.6 ~ 19.8	＞19.8
105.0 ~ 105.9	＜14.8	14.8 ~ 15.5	15.6 ~ 18.8	18.9 ~ 20.1	＞20.1
106.0 ~ 106.9	＜15.1	15.1 ~ 15.7	15.8 ~ 19.1	19.2 ~ 20.4	＞20.4
107.0 ~ 107.9	＜15.4	15.4 ~ 16.0	16.1 ~ 19.4	19.5 ~ 20.8	＞20.8
108.0 ~ 108.9	＜15.6	15.6 ~ 16.3	16.4 ~ 19.8	19.9 ~ 21.1	＞21.1
109.0 ~ 109.9	＜15.9	15.9 ~ 16.6	16.7 ~ 20.1	20.2 ~ 21.5	＞21.5
110.0 ~ 110.9	＜16.2	16.2 ~ 16.9	17.0 ~ 20.5	20.6 ~ 21.8	＞21.8
111.0 ~ 111.9	＜16.5	16.5 ~ 17.2	17.3 ~ 20.8	20.9 ~ 22.2	＞22.2
112.0 ~ 112.9	＜16.8	16.8 ~ 17.5	17.6 ~ 21.2	21.3 ~ 22.2	＞22.6
113.0 ~ 113.9	＜17.1	17.1 ~ 17.8	17.9 ~ 21.6	21.7 ~ 23.0	＞23.0
114.0 ~ 114.9	＜17.4	17.4 ~ 18.2	18.3 ~ 21.9	22.0 ~ 23.4	＞23.4
115.0 ~ 115.9	＜17.7	17.7 ~ 18.5	18.6 ~ 22.2	22.3 ~ 23.8	＞23.8
116.0 ~ 116.9	＜18.0	18.0 ~ 18.8	18.9 ~ 22.8	22.9 ~ 24.3	＞24.3
117.0 ~ 117.9	＜18.4	18.4 ~ 19.2	19.3 ~ 23.2	23.3 ~ 24.8	＞24.8
118.0 ~ 118.9	＜18.7	18.7 ~ 19.6	19.7 ~ 23.7	23.8 ~ 25.2	＞25.2
119.0 ~ 119.9	＜19.1	19.1 ~ 20.2	20.3 ~ 24.1	24.2 ~ 25.8	＞25.8
120.0 ~ 120.9	＜19.4	19.4 ~ 20.5	20.6 ~ 24.6	24.7 ~ 26.3	＞26.3
121.0 ~ 121.9	＜19.8	19.8 ~ 20.8	20.9 ~ 25.0	25.1 ~ 26.9	＞26.9
122.0 ~ 122.9	＜20.2	20.2 ~ 21.2	21.3 ~ 25.4	25.5 ~ 27.5	＞27.5
123.0 ~ 123.9	＜20.6	20.6 ~ 21.6	21.7 ~ 25.8	25.9 ~ 28.1	＞28.1
124.0 ~ 124.9	＜21.0	21.0 ~ 22.0	22.1 ~ 26.2	26.3 ~ 28.7	＞28.7
125.0 ~ 125.9	＜21.4	21.4 ~ 22.5	22.6 ~ 26.5	26.6 ~ 29.4	＞29.4
126.0 ~ 126.9	＜21.8	21.8 ~ 23.0	23.1 ~ 26.9	27.0 ~ 30.2	＞30.2
127.0 ~ 127.9	＜22.2	22.2 ~ 23.4	23.5 ~ 27.3	27.4 ~ 30.9	＞30.9
128.0 ~ 128.9	＜22.7	22.7 ~ 24.0	24.1 ~ 27.8	27.9 ~ 21.7	＞31.7
129.0 ~ 129.9	＜23.1	23.1 ~ 24.5	24.6 ~ 28.3	28.4 ~ 32.6	＞32.6

续表

身高段（cm）	体重（kg）				
	1分	3分	5分	3分	1分
130.0 ~ 130.9	＜23.6	23.6 ~ 25.0	25.1 ~ 28.8	28.9 ~ 33.4	＞33.4
131.0 ~ 131.9	＜24.1	24.1 ~ 25.6	25.7 ~ 29.3	29.4 ~ 34.4	＞34.4
132.0 ~ 132.9	＜24.6	24.6 ~ 26.1	26.2 ~ 29.7	29.8 ~ 35.3	＞35.3
133.0 ~ 133.9	＜25.1	25.1 ~ 26.7	26.8 ~ 30.2	30.3 ~ 36.3	＞36.3
134.0 ~ 134.9	＜25.7	25.7 ~ 27.3	27.4 ~ 30.7	30.8 ~ 37.4	＞37.4
135.0 ~ 135.9	＜26.2	26.2 ~ 28.0	28.1 ~ 31.2	31.3 ~ 38.5	＞38.5
136.0 ~ 136.9	＜26.7	26.7 ~ 28.6	28.7 ~ 31.7	31.8 ~ 39.7	＞39.7
137.0 ~ 137.9	＜27.4	27.4 ~ 29.4	29.5 ~ 32.3	32.4 ~ 40.6	＞40.6

（3）不同年龄段幼儿其他单项指标评分标准（表 4–4 ~ 表 4–10）

表 4–4　3 岁幼儿其他单项指标评分表

测试指标	1分	2分	3分	4分	5分
	男				
身高（cm）	＜91.2	91.2 ~ 95.4	99.5 ~ 99.3	99.4 ~ 104.1	＞104.1
10 m 折返跑（s）	15.8 ~ 12.9	12.8 ~ 10.3	10.5 ~ 9.1	9.0 ~ 8.0	＜8.0
立定跳远（cm）	21 ~ 29	30 ~ 42	43 ~ 58	59 ~ 76	＞76
网球掷远（m）	1.5	2.0 ~ 2.5	3.0 ~ 3.5	4.0 ~ 5.5	＞5.5
双脚连续跳（s）	25.0 ~ 19.7	19.6 ~ 13.1	13.0 ~ 9.2	9.1 ~ 6.6	＜6.6
坐位体前屈（cm）	2.9 ~ 4.8	4.9 ~ 8.5	8.6 ~ 11.6	11.7 ~ 14.9	＞14.9
走平衡木（s）	48.5 ~ 30.1	30.0 ~ 16.9	16.8 ~ 10.6	10.5 ~ 6.6	＜6.6
	女				
身高（cm）	＜90.0	90.0 ~ 94.6	94.7 ~ 98.0	98.1 ~ 103.0	＞103.0
10 m 折返跑（s）	16.8 ~ 13.5	13.4 ~ 10.6	10.5 ~ 9.4	9.3 ~ 8.2	＜8.2
立定跳远（cm）	21 ~ 28	29 ~ 39	40 ~ 54	55 ~ 71	＞71
网球掷远（m）	1.0	1.5 ~ 2.0	2.5 ~ 3.0	3.5 ~ 5.0	＞5.0
双脚连续跳（s）	25.9 ~ 20.1	20.0 ~ 13.5	13.4 ~ 9.8	9.7 ~ 7.1	＜7.1
坐位体前屈（cm）	3.2 ~ 6.2	6.3 ~ 9.9	10.0 ~ 12.9	13.0 ~ 15.9	＞15.9
走平衡木（s）	49.8 ~ 32.5	32.4 ~ 17.4	17.3 ~ 10.8	10.7 ~ 6.9	＜6.9

表 4-5 3.5 岁幼儿其他单项指标评分表

测试指标	1分	2分	3分	4分	5分
	男				
身高（cm）	＜94.1	94.1 ~ 98.2	98.3 ~ 102.0	102.1 ~ 106.9	＞106.9
10 m 折返跑（s）	14.0 ~ 11.4	11.3 ~ 9.5	9.4 ~ 8.4	8.3 ~ 7.5	＜7.5
立定跳远（cm）	27 ~ 34	35 ~ 52	53 ~ 69	70 ~ 84	＞84
网球掷远（m）	1.5	2.0 ~ 2.5	3.0 ~ 4.0	4.5 ~ 5.5	＞5.5
双脚连续跳（s）	21.8 ~ 17.0	16.9 ~ 11.2	11.1 ~ 8.3	8.2 ~ 6.1	＜6.1
坐位体前屈（cm）	2.7 ~ 4.6	4.7 ~ 8.4	8.5 ~ 11.5	11.6 ~ 14.9	＞14.9
走平衡木（s）	41.1 ~ 27.1	27.0 ~ 15.1	15.0 ~ 9.4	9.3 ~ 5.9	＜5.9
	女				
身高（cm）	＜93.0	93.0 ~ 97.5	97.6 ~ 101.1	101.2 ~ 105.5	＞105.5
10 m 折返跑（s）	14.9 ~ 12.1	12.0 ~ 9.8	9.7 ~ 8.7	8.6 ~ 7.7	＜7.7
立定跳远（cm）	25 ~ 33	34 ~ 49	50 ~ 64	65 ~ 81	＞81
网球掷远（m）	1.5	2.0 ~ 2.5	3.0 ~ 3.5	4.0 ~ 5.0	＞5.0
双脚连续跳（s）	21.9 ~ 17.1	17.0 ~ 11.3	11.2 ~ 8.5	8.4 ~ 6.2	＜6.2
坐位体前屈（cm）	3.5 ~ 6.2	6.3 ~ 9.9	10.0 ~ 12.9	13.0 ~ 15.9	＞15.9
走平衡木（s）	40.4 ~ 27.5	27.4 ~ 15.1	15.0 ~ 9.7	9.6 ~ 6.1	＜6.1

表 4-6 4 岁幼儿其他单项指标评分表

测试指标	1分	2分	3分	4分	5分
	男				
身高（cm）	＜97.5	97.5 ~ 101.9	102.0 ~ 105.4	105.5 ~ 110.4	＞110.4
10 m 折返跑（s）	12.4 ~ 10.2	10.1 ~ 8.6	8.5 ~ 7.7	7.6 ~ 6.9	＜6.9
立定跳远（cm）	35 ~ 46	47 ~ 64	65 ~ 79	80 ~ 95	＞95
网球掷远（m）	2.0 ~ 2.5	3.0 ~ 3.5	4.0 ~ 4.5	5.0 ~ 6.0	＞6.0
双脚连续跳（s）	17.0 ~ 13.2	13.1 ~ 9.2	9.1 ~ 7.1	7.0 ~ 5.6	＜5.6
坐位体前屈（cm）	2.4 ~ 4.4	4.5 ~ 8.4	8.5 ~ 11.4	11.5 ~ 14.9	＞14.9
走平衡木（s）	33.2 ~ 21.6	21.5 ~ 11.6	11.5 ~ 7.4	7.3 ~ 4.9	＜4.9
	女				
身高（cm）	＜96.6	96.6 ~ 100.9	101.0 ~ 104.4	104.5 ~ 108.9	＞108.9
10 m 折返跑（s）	13.2 ~ 10.9	10.8 ~ 9.1	9.0 ~ 8.1	8.0 ~ 7.2	＜7.2
立定跳远（cm）	32 ~ 43	44 ~ 59	60 ~ 73	74 ~ 89	＞89
网球掷远（m）	2.0	2.5 ~ 3.0	3.5 ~ 4.0	4.5 ~ 5.0	＞5.0
双脚连续跳（s）	17.2 ~ 13.5	13.4 ~ 9.6	9.5 ~ 7.4	7.3 ~ 5.9	＜5.9
坐位体前屈（cm）	3.4 ~ 5.9	6.0 ~ 9.9	10.0 ~ 12.9	13.0 ~ 15.9	＞15.9
走平衡木（s）	32.2 ~ 22.6	22.5 ~ 12.3	12.2 ~ 8.2	8.1 ~ 5.3	＜5.3

表 4–7　4.5 岁幼儿其他单项指标评分表

测试指标	1分	2分	3分	4分	5分
	男				
身高（cm）	＜100.0	100.0 ~ 104.6	104.7 ~ 108.4	108.5 ~ 113.1	＞113.1
10 m 折返跑（s）	11.8 ~ 9.8	9.7 ~ 8.1	8.0 ~ 7.3	7.2 ~ 6.7	＜6.7
立定跳远（cm）	40 ~ 54	55 ~ 72	73 ~ 88	89 ~ 102	＞102
网球掷远（m）	2.5	3.0 ~ 4.0	4.5 ~ 6.0	6.5 ~ 8.0	＞8.0
双脚连续跳（s）	14.5 ~ 11.3	11.2 ~ 8.2	8.1 ~ 6.5	6.4 ~ 5.3	＜5.3
坐位体前屈（cm）	1.8 ~ 4.1	4.2 ~ 7.9	8.0 ~ 10.9	11.0 ~ 14.4	＞14.4
走平衡木（s）	28.4 ~ 17.9	17.8 ~ 9.7	9.6 ~ 6.3	6.2 ~ 4.3	＜4.3
	女				
身高（cm）	＜99.0	99.0 ~ 103.6	103.7 ~ 107.3	107.4 ~ 111.9	＞111.9
10 m 折返跑（s）	12.4 ~ 10.3	10.2 ~ 8.6	8.5 ~ 7.7	7.6 ~ 7.0	＜7.0
立定跳远（cm）	40 ~ 49	50 ~ 67	68 ~ 80	81 ~ 96	＞96
网球掷远（m）	2.0	2.5 ~ 3.0	3.5 ~ 4.0	4.5 ~ 5.5	＞5.5
双脚连续跳（s）	14.9 ~ 12.0	11.9 ~ 8.6	8.5 ~ 6.8	6.7 ~ 5.5	＜5.5
坐位体前屈（cm）	3.0 ~ 5.9	6.0 ~ 9.9	10.0 ~ 12.9	13.0 ~ 16.0	＞16.0
走平衡木（s）	26.5 ~ 18.7	18.6 ~ 10.2	10.1 ~ 7.0	6.9 ~ 4.7	＜4.7

表 4–8　5 岁幼儿其他单项指标评分表

测试指标	1分	2分	3分	4分	5分
	男				
身高（cm）	＜103.1	103.1 ~ 107.8	107.9 ~ 111.9	112.0 ~ 116.9	＞116.9
10 m 折返跑（s）	10.3 ~ 9.0	8.9 ~ 7.7	7.6 ~ 7.0	6.9 ~ 6.4	＜6.4
立定跳远（cm）	50 ~ 64	65 ~ 79	80 ~ 95	96 ~ 110	＞110
网球掷远（m）	3.0 ~ 3.5	4.0 ~ 5.0	5.5 ~ 7.0	7.5 ~ 9.0	＞9.0
双脚连续跳（s）	12.5 ~ 9.9	9.8 ~ 7.3	7.2 ~ 6.0	5.9 ~ 5.1	＜5.1
坐位体前屈（cm）	1.1 ~ 3.4	3.5 ~ 7.5	7.6 ~ 10.9	11.0 ~ 14.4	＞14.4
走平衡木（s）	22.2 ~ 14.1	14.0 ~ 7.9	7.8 ~ 5.3	5.2 ~ 3.7	＜3.7
	女				
身高（cm）	＜102.0	102.0 ~ 106.5	106.6 ~ 110.4	110.5 ~ 115.4	＞115.4
10 m 折返跑（s）	11.2 ~ 9.7	9.6 ~ 8.1	8.0 ~ 7.3	7.2 ~ 6.7	＜6.7
立定跳远（cm）	50 ~ 59	60 ~ 74	75 ~ 88	89 ~ 102	＞102
网球掷远（m）	2.5 ~ 3.0	3.5 ~ 4.0	4.5 ~ 5.5	6.0 ~ 8.5	＞8.5
双脚连续跳（s）	12.7 ~ 10.1	10.0 ~ 7.6	7.5 ~ 6.2	6.1 ~ 5.2	＜5.2
坐位体前屈（cm）	3.0 ~ 5.4	5.5 ~ 9.6	9.7 ~ 13.1	13.2 ~ 16.6	＞16.6
走平衡木（s）	23.7 ~ 14.1	14.0 ~ 8.3	8.2 ~ 5.8	5.7 ~ 4.1	＜4.1

表 4-9　5.5 岁幼儿其他单项指标评分表

测试指标	1分	2分	3分	4分	5分
			男		
身高（cm）	＜104.6	104.6 ~ 110.1	110.2 ~ 114.6	114.7 ~ 119.7	＞119.7
10 m 折返跑（s）	10.0 ~ 8.6	8.5 ~ 7.4	7.3 ~ 6.8	6.7 ~ 6.2	＜6.2
立定跳远（cm）	56 ~ 69	70 ~ 89	90 ~ 102	103 ~ 119	＞119
网球掷远（m）	3.0 ~ 3.5	4.0 ~ 5.5	6.0 ~ 7.5	8.0 ~ 10.0	＞10.0
双脚连续跳（s）	11.9 ~ 9.4	9.3 ~ 6.9	6.8 ~ 5.7	5.6 ~ 4.9	＜4.9
坐位体前屈（cm）	1.0 ~ 3.2	3.3 ~ 7.5	7.6 ~ 10.9	11.0 ~ 14.4	＞14.4
走平衡木（s）	19.2 ~ 12.1	12.0 ~ 6.8	6.7 ~ 4.6	4.5 ~ 3.3	＜3.3
			女		
身高（cm）	＜104.5	104.5 ~ 109.2	109.3 ~ 113.4	113.5 ~ 118.4	＞118.4
10 m 折返跑（s）	10.5 ~ 9.1	9.0 ~ 7.7	7.6 ~ 7.0	6.9 ~ 6.4	＜6.4
立定跳远（cm）	54 ~ 65	66 ~ 81	82 ~ 95	96 ~ 109	＞109
网球掷远（m）	3.0	3.5 ~ 4.5	5.0 ~ 6.0	6.5 ~ 8.5	＞8.5
双脚连续跳（s）	11.5 ~ 9.3	9.2 ~ 7.0	6.9 ~ 5.8	5.7 ~ 4.9	＜4.9
坐位体前屈（cm）	3.0 ~ 5.4	5.5 ~ 9.6	9.7 ~ 12.9	13.0 ~ 16.7	＞16.7
走平衡木（s）	20.1 ~ 12.6	12.5 ~ 7.5	7.4 ~ 5.1	5.0 ~ 3.6	＜3.6

表 4-10　6 岁幼儿其他单项指标评分表

测试指标	1分	2分	3分	4分	5分
			男		
身高（cm）	＜108.2	108.2 ~ 113.2	113.3 ~ 117.7	117.8 ~ 123.0	＞123.0
10 m 折返跑（s）	9.4 ~ 8.0	7.9 ~ 6.9	6.8 ~ 6.3	6.2 ~ 5.8	＜5.8
立定跳远（cm）	61 ~ 78	79 ~ 94	95 ~ 110	111 ~ 127	＞127
网球掷远（m）	3.5 ~ 4.0	4.5 ~ 6.5	7.0 ~ 9.0	9.5 ~ 12.0	＞12.0
双脚连续跳（s）	10.4 ~ 8.3	8.2 ~ 6.2	6.1 ~ 5.2	5.1 ~ 4.4	＜4.4
坐位体前屈（cm）	1.0 ~ 3.1	3.2 ~ 7.0	7.1 ~ 10.4	10.5 ~ 14.4	＞14.4
走平衡木（s）	16.0 ~ 9.4	9.3 ~ 5.4	5.3 ~ 3.8	3.7 ~ 2.7	＜2.7
			女		
身高（cm）	＜107.0	107.0 ~ 111.9	112.0 ~ 116.6	116.7 ~ 121.7	＞121.7
10 m 折返跑（s）	10.2 ~ 8.6	8.5 ~ 7.3	7.2 ~ 6.6	6.5 ~ 6.1	＜6.1
立定跳远（cm）	60 ~ 70	71 ~ 86	87 ~ 100	101 ~ 116	＞116
网球掷远（m）	3.0	3.5 ~ 4.5	5.0 ~ 6.0	6.5 ~ 8.0	＞8.0
双脚连续跳（s）	10.5 ~ 8.4	8.3 ~ 6.3	6.2 ~ 5.3	5.2 ~ 4.6	＜4.6
坐位体前屈（cm）	3.0 ~ 5.3	5.4 ~ 9.5	9.6 ~ 12.9	13.0 ~ 16.7	＞16.7
走平衡木（s）	17.0 ~ 10.8	10.7 ~ 6.2	6.1 ~ 4.3	4.2 ~ 3.0	＜3.0

三、婴幼儿肢体动作发展的一般规律

动作的分类有多种，根据动作发生的身体部位来分，可以分为躯干动作和四肢动作；根据动作的难易精细程度来分，可以分为粗大动作和精细动作；根据动作发展的流畅程度划分，可以分为单项动作、系列动作和连贯动作等。

婴儿出生后，开始只能躺在床上，以后才逐渐会走、会跑、会跳，会用手灵巧地拿东西，这是动作的发展过程。动作的发展建立在肌肉骨骼发展的基础上，同时与婴儿心理的发展有非常密切的关系。因为婴儿是在活动过程中，通过动作接触周围事物，认识周围事物，也伴随着他们的心理活动。婴儿动作的发展在3岁以前已基本完成，以后只是向更准确、更有组织、更匀称协调的方向发展。3岁后幼儿的动作是有规律地按一定顺序发展的。

（1）3～4岁幼儿较入园前，走、跑等能力都有较大提升，可以完全脱离大人的帮助自己走路，如果没有人干涉，可以走很远的路。大肌肉发展较快，身体组织结构和器官功能有所加强；骨骼更坚硬，但骨化过程还未完成，容易变形；身体动作较之前更加灵活，开始变得协调，逐步能自然地、有节奏地行走，但还不够熟练，不能很好地躲避障碍物；上下楼梯、行走平衡等能力还很弱；动作的连续性很差，只能掌握单个的基础性动作，例如跑、跳、走等；易疲劳，持续性较差，只能坚持5～10 min。因此，在设计体育游戏时，游戏动作不能太复杂，综合性动作数量要少。

（2）4～5岁幼儿较小班幼儿在动作方面有较大发展，如身体更结实，可以步行一段时间，基本动作更为灵活，活动能力明显增强，走、跑、跳更加自信和自控，可以单足站立，会抛接球，能骑小车等。同时，可以掌握多种动作技能，手指动作比较灵巧，可以熟练穿脱衣服，拼插积木玩具等，动作质量明显提高，既能灵活操作，又能坚持较长时间，但是活动的连续性、多样性、复杂性和持续性方面还较弱。

（3）5～6岁幼儿已经养成了基本的生活习惯，活动能力明显提高。5岁幼儿的走路速度基本与成人相同，平衡能力明显增强，可以用比较复杂的运动技巧进行活动，基本上可以连续行走20～30 min而不感到疲劳。大肌肉动作能力如走、跑、跳、钻、爬、攀登等明显提高，一般能够把几个动作要素连贯地完成，还能完成一些较为复杂的动作。

四、幼儿体育活动各年龄段目标

1. 小班幼儿

（1）能上体正直、自然地走和跑；能向指定方向走和跑；能在指定范围内四散跑、追逐跑；能步行 1 km，连续跑约半分钟；能一个跟着一个走，走成一个圆；能较轻松地双脚交替跳着走。

（2）能较轻松自然地双脚同时向前跳、向上跳，能从 25 cm 高处自然地跳下。

（3）能双手用力将球向前、向上、向后方抛，能单手自然地将沙包等轻物投向前方。

（4）能在平行线（或窄道）中间走，能在宽 25 cm、高（或斜高）20 cm 的平衡木（或斜坡）上走。

（5）能在 65 ~ 70 cm 高的障碍物（如绳子、皮筋、拱形门等）下钻来钻去；能手膝着地自然协调地向前爬，能倒退爬；能钻爬过低矮的障碍物；能在攀登架上爬上爬下，或从网的一侧爬越至另一侧（必要时教师可以帮助）。

（6）初步学会听各种口令和信号并做出相应动作，能边念儿歌或边听音乐边做模仿操或简单的徒手操。

（7）会玩滑梯、攀登架、转椅等大型体育活动器械并注意安全；会骑小三轮自行车，会推拉独轮车；会滚球、传球、抛接球和原地拍皮球；会利用球、绳、棒、圈等多种小型体育器材进行身体锻炼。

（8）喜欢并愿意参加体育活动；初步掌握体育活动的有关知识和规则，团结合作，爱护公物；能合作收拾某些小型体育器材。

2. 中班幼儿

（1）能听信号按节奏上下肢协调地走和跑；能听信号变速走、变速跑；能听信号变化方向走；能前脚掌着地走、倒退走；能跨过低障碍物走；能饶过障碍物跑；能快跑 20 m，走跑交替（或慢跑）200 m 左右；能在一定范围内四散追逐；能步行 1.5 km，连续跑约 1 min；能听信号切断分队走、一路纵队走。

（2）能自然摆臂连续纵跳触物（物体离幼儿举手指尖 20 cm 左右）；能双脚熟练地向前跳或双脚在直线两侧行进跳；能立定跳远，跳距不少于 30 cm；能双脚站立由 30 cm 高处往下跳，落地轻；能助跑跳远，跳距不少于 40 cm；能单双脚轮换跳，单足连续向前跳。

（3）能肩上挥臂投掷轻物、能自抛自接低（高）球，能两人近距离互抛互接大球，能滚球击物，能左右手拍球。

（4）能在宽 20 cm、高 30 cm 的平衡木（或斜坡）上走；能原地自转至少 3 圈不跌倒，能闭目向前走至少 10 m。

（5）能熟练协调地在 60 cm 高的障碍物（如圈、拱形门等）下较灵活地钻爬，能手脚着地协调地向前爬，能手脚熟练协调地在攀登架、攀登网或肋木上爬上爬下，能团身滚。

（6）能较熟练地听信号集合、分散、排成 4 路纵队（包括切断分队），能随音乐节奏较准确地做徒手操和轻器械操。

（7）会玩跷跷板、秋千等各类大型体育活动器械，会骑小三轮车、带辅轮的小自行车，会用球、绳、棒、圈及其他废旧材料（如易拉罐、可乐瓶、报纸等）开展小型多样的体育活动。

（8）具有一定的抵御寒、暑、饥、渴的能力和抵抗疾病的能力。

（9）喜欢并能较积极地参加体育活动，初步养成参加体育活动的习惯；能较自觉地遵守体育活动的规则；互助合作、爱护公物，能及时收拾小型体育器材。

3. 大班幼儿

（1）能轻松自如地绕过障碍进行曲线走和跑；能快跑 30 m 或接力跑；能走跑交替（或慢跑）300 m 左右；能步行 2 km，连续跑约 90 s；能听信号左右分队走。

（2）能原地蹬地连续跳起触物（物体离幼儿举手指尖 25 cm 左右）；能双脚熟练地改变方向（前、后、左、右、转身）跳；能从 35 ~ 40 cm 高处自然地跳下，落地轻稳；能立定跳远，跳距不少于 40 cm；能助跑跳远，跳距不少于 50 cm；能助跑跳远，跳距不少于 40 cm；能助跑屈膝跑过高度约 40 cm 的垂直障碍，能连续向前跳跃多个高 40 cm、宽 15 cm 的障碍。

（3）能半侧面单手投掷小沙包等轻物约 4 m 远；会肩上挥臂投掷轻物并投准目标（如直径不少于 60 cm 的标靶），投掷距离约 3 m；能抛接高球，或两人相距 2 ~ 4 m 互抛互接大球。

（4）能在宽 15 cm、高 40 cm 的平衡木上交换手臂动作（叉腰、平举、上举等），或持物走；能两臂侧平举闭目起踵自转至少 5 圈不跌倒；能两臂侧平举单足站立不少于 5 s。

（5）能熟练协调地侧身、缩身钻过 50 cm 高的障碍物（如拱形门等）；能手脚交替协调熟练地在攀登架或肋木上爬上爬下，能在单杠或其他器械上做短暂的悬垂动作；能熟练地在垫子上前滚翻、侧滚翻。

（6）能熟练地听各种口令和信号并做出相应的动作；能听信号迅速地集合、分散、整齐列队、变化队形；能随音乐节奏有精神地做徒手操和轻器械操，动作有力、到位。

（7）会玩低单杠、秋千、脚蹬车等其他大型体育活动器械，会踩高跷、跳皮筋、跳绳 50 次以上；会运球、传接球、用脚踢（带）球；会用球、绳、棒、圈、积木、报纸、轮胎或其他废旧材料开展各种身体锻炼活动。

（8）具有较强的抵御寒、暑、饥、渴的能力和抵抗疾病的能力。

（9）热爱体育活动，有积极参加各种身体锻炼的习惯；能自觉遵守体育活动的规则和要求，合作、负责、宽容、谦让、爱护公物；有较强的集体观念；敢于克服困难，能体验克服困难取得胜利后的愉悦；能独立或合作收拾各种小型体育器材。

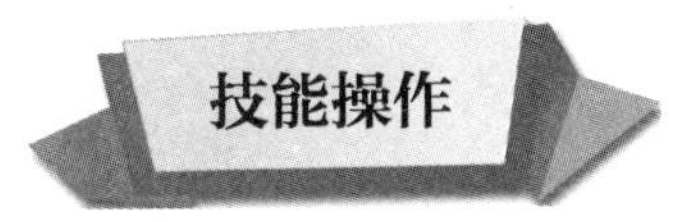

协助组织室外活动

一、操作程序

1. 活动前准备工作

（1）检查活动场地、器械是否安全、卫生。

（2）检查孩子们的服装是否符合活动的要求。

（3）检查游戏材料是否充足。

2. 协助组织幼儿室外活动

（1）根据计划协助组织并参与孩子们的活动。

（2）观察孩子们的活动状况，特别关注对个别幼儿的指导。

（3）活动中做到动静交替，随时调整孩子们的活动量。

3. 活动结束后的整理工作

（1）提醒孩子们整理好玩具和物品。

（2）与孩子们一起收拾整理活动的场地和材料、设备。

（3）对活动情况进行小结。

二、注意事项

1. 注意活动组织中的安全。

2. 做好室外活动时孩子们行为的观察。

培训项目 3 家长工作指导

培训单元 1　婴幼儿家庭科学保育知识

培训重点

- 熟悉 1 ~ 6 岁婴幼儿家庭科学保育知识。
- 了解 1 ~ 6 岁婴幼儿早期身心发展特征。
- 掌握 1 ~ 6 岁婴幼儿早期发展家庭指导方法。

知识要求

一、1 岁 1 个月~ 1 岁 6 个月婴儿家庭科学保育知识（见表 4-11）

表 4-11　1 岁 1 个月 ~ 1 岁 6 个月婴儿家庭科学保育知识

家庭科学育儿要点	婴儿身心发展特征	家庭游戏方法
1. 膳食营养 保证每日蛋白质、脂肪、碳水化合物、矿物质、维生素、水及膳食纤维七大营养素均衡，遵循“品种多样、比例适当、饮食定量、调配得当”的原则，科学烹饪。关注婴儿进餐心理和良好的进餐氛围，预防消化不良，少吃油腻、油炸、过甜及刺激性食物等	1. 1 岁 6 个月婴儿的生理指标参考标准（注意婴儿的个体差异） 体重：10.47 ~ 11.06 kg 身高：80.04 ~ 81.9 cm 头围：46.34 ~ 47.44 cm 胸围：46.56 ~ 47.6 cm 前囟：0 ~ 0.5 cm，出牙：8 ~ 16 颗，其中门牙 8 颗、前臼 4 颗、尖牙 4 颗	游戏 1：用棍子够玩具 目的：理解物体与物体之间的关系，初步尝试使用“工具” 玩法：在和宝宝玩滚皮球的游戏时，故意将皮球滚到宝宝可以看见但够不到的位置，然后给宝宝一个纸棍，看他会不会用棍子够取玩具。如果给宝宝做出示范，他就会模仿。不要苛求他准确地把玩具取回来，只要用棍子碰到玩具就算成功了

续表

家庭科学育儿要点	婴儿身心发展特征	家庭游戏方法
2. 语言能力发展 引导宝宝跟着说口令“一、二、三”，说出押韵儿歌的最后一个字，逐渐能将语言和事物联系起来。训练宝宝会说自己名字，能分辨大人说的2～4字的话。会认三角形，背诵儿歌的其中一句等 3. 运动能力发展 训练宝宝扶栏杆上楼梯、跑步、单脚站立、走直线、走曲线、转弯及侧身走、后退走、双足跳下一级台阶等。同时加强手部机能的训练，做搭积木、玩套塔等游戏 4. 认知能力发展 引导宝宝学习从几何板、涂画、认图、感知，到逐步辨认红色、认识自己的东西、认识物品和圆形，过渡到模仿游戏、说出动物名称、看书、翻书等 5. 行为能力发展 教宝宝从学用勺子、杯子、分辨表情、独自玩、控制大小便，到分享食物、与同伴玩、照料娃娃，再到自己脱去鞋袜、帽子等，逐步培养独立生活能力。教会宝宝吃饭、穿衣、配合盥洗，养成良好的生活行为习惯 6. 社会交往能力发展 培养社交能力。逛动物园，学认动物，学分水果等 7. 适度放手 在保证安全的前提下，适度放手让宝宝自由活动，让宝宝在自由探索中成长	2. 1岁6个月婴儿的心理发育特征 （1）开始用语言表达意愿，咿咿呀呀说个不停 （2）对外界的好奇心不断增长，喜欢把物品拆开研究 （3）注意力不集中，容易分心 （4）喜欢到处走走、看看、摸摸，好动 （5）开始认生，有的宝宝特别缠人，总得有人陪着他才行 （6）有很强的次序感（内在次序敏感期） （7）萌发自我意识：特别喜欢自作主张，越来越多地抗拒大人的管束；有的宝宝还表现出逞强好斗的个性，会发生打人、推人、咬人等各种不良行为	游戏2：插锁眼 目的：训练手眼协调能力，理解事物之间的联系 玩法：每次进门开锁时，都让宝宝看到，引起他的好奇心。再让他拿钥匙，手把手帮他把钥匙插到锁眼里，反复几次后，让他自己做。一旦插入，就把锁打开，使他兴奋，有成就感，并理解钥匙与锁的关系 游戏3：按指示找物 目的：训练辨别方向的能力 玩法：把宝宝喜爱的玩具藏起来，让他根据成人的指示把玩具找出来，如“在床上”“在枕头下” 游戏4：给娃娃看病 目的：尝试担任角色 玩法：准备一个玩具娃娃，一套医生用具。让宝宝当医生，家长抱娃娃看病，对他说：“孩子生病了，请帮看看吧。”教宝宝拿出听诊器给娃娃听听，并告诉他娃娃得了什么病。如果是感冒，请他给娃娃开些感冒药；如果是发烧，就给娃娃打一支退热针

二、1 岁 7 个月~ 2 岁婴儿家庭科学保育知识（见表 4-12）

表 4-12 1 岁 7 个月 ~ 2 岁婴儿家庭科学保育知识

家庭科学育儿要点	婴儿身心发展特征	家庭游戏方法
1. 膳食营养 保证合理膳食和选择零食，太甜、太油、不易消化的食物不宜多吃，预防偏食、挑食等 2. 语言能力发展 此阶段为语言敏感期，家长坚持每天给宝宝讲故事，鼓励其多说话，能说出姓名，用我代替名字；教宝宝背儿歌、看图讲故事，引导宝宝用简单话语描述见闻 3. 运动能力发展 训练宝宝从练习奔跑、跳跃、抛接球，过渡到双脚跳、踢球、穿珠、开门，再到交替上下楼梯、玩沙、玩水等 4. 认知能力发展 引导宝宝认几何图形、学折纸、叠手帕；学习上下方位，插入与拔出、排位置，理解对应关系；学习所属关系、数的概念，比较大小、多少、高矮；教宝宝认识 1 种以上颜色，学会称呼人 5. 行为能力发展 教宝宝学习交往、认路回家、打招呼，练习手部精细动作：穿珠、用棍取物、穿脱衣、用勺吃饭、拆装简单玩具 6. 人际交往能力发展 有意识地与宝宝玩捉迷藏游戏，引导宝宝模仿做家务、扫地、擦桌子等 7. 生活能力发展 逐步教会宝宝自己处理大小便，养成良好进餐习惯和行为习惯	1. 2 岁婴儿的生理指标参考标准（注意婴儿个体差异） 体重：12.04 ~ 12.57 kg 身高：88.1 ~ 89.1 cm 头围：47.07 ~ 48.2 cm 胸围：47.4 ~ 48.4 cm 出牙：16 ~ 20 颗，其中后臼 4 颗出齐 2. 2 岁婴儿的心理发育特征 （1）处于语言敏感期，语言发展很快 （2）非常好动，开始各种跑、双脚跳、踢球等活动。开始强烈追求和别人建立一对一的玩伴关系，但人际交往差，还不会与小朋友相处、沟通 （3）喜欢搞破坏，以期引起大人的注意 （4）1 ~ 3 岁婴儿主要是低级思维形式，即感知动作思维，又称直觉行动思维	游戏 1：踢球比赛 目的：发展肌肉动作和控制方向的能力 玩法：在房屋中间放一把椅子，把椅子下面的空地当作球门，成人和宝宝在椅子两边踢球，看谁踢进球门次数多 游戏 2：信封装物 目的：发展精细动作 玩法：给宝宝准备一个普通信封，再准备一些纸牌、卡片、碎纸、小扣子等，教宝宝把这些东西装入信封 游戏 3：看图说话 目的：训练宝宝的言语理解能力、表达能力和解决问题的能力 玩法：找一些婴儿画报，给宝宝讲故事，并结合宝宝日常生活中经常碰到的问题让他回答。例如，你把别人的玩具带回家了怎么办？你向别人借玩具，别人不借怎么办？别人给你分享食物，你怎么办？别的小朋友打你，你该怎么办？等等 游戏 4：过家家 目的：了解生活规律，培养良好生活习惯 玩法：准备一个布娃娃，一只碗、一把勺子，用纸团做米饭。对宝宝说：“娃娃饿了，该喂饭了。”教宝宝给娃娃喂饭。家长说：“娃娃吃饱了。让娃娃玩一会儿。”然后和宝宝一起带娃娃玩会儿开汽车、搭积木等游戏。玩一会儿后，告诉宝宝说：“中午了，娃娃该午休了。”让宝宝抱娃娃上床，盖上被子，用手轻轻拍哄娃娃睡觉

三、2岁1个月~2岁6个月婴儿家庭科学保育知识（见表4-13）

表4-13 2岁1个月～2岁6个月婴儿家庭科学保育知识

家庭科学育儿要点	婴儿身心发展特征	家庭指导方法
1. 膳食营养 给宝宝多补充含碘、含锌丰富的食物，如海产品、鱼、肝、羊肉、瘦肉、花生、核桃等；培养宝宝的咀嚼能力 2. 语言能力发展 教宝宝从练习说名字、说儿歌、猜声音、说完整句子，过渡到学背古诗，表达需求，再到看画片、听耳语，培养专注力和兴趣 3. 运动能力发展 训练运动协调性，训练宝宝从学习跳远、跑、双足交替上楼梯，练习手的精细动作，如穿珠、拉拉锁、配对、玩套叠玩具，过渡到学双脚跳、单足站稳、接球、滚球、足尖走路，再到学走平衡木、倒米和倒水、按大小顺序套6～8层套筒等 4. 认知能力发展 引导宝宝理解大小、长短、快慢、左右等相反概念；认识数字和汉字，知道物品用途，认识交通工具，认3～4种几何图形、2～4种颜色。去动物园，教宝宝认识动物特点和生活习性。教宝宝学会观察环境和天气等 5. 行为能力发展 指导宝宝从学习认识环境、交往、穿鞋袜，过渡到学会文明用语、判断是与非、协同游戏（如“过家家”），再到服从命令、帮助大人做简单家务等	1. 2岁6个月婴儿的生理指标参考标准（注意婴儿个体差异） 体重：12.97～13.56 kg 身高：92.0～93.3 cm 头围：48.0～50.3 cm 胸围：49.2～49.85 cm 出牙：18～20颗，其中后臼2～4颗 2. 2岁6个月婴儿的心理发育特征 （1）自我意识萌芽：开始反抗妈妈的话、和小朋友吵架、缠着妈妈撒娇、对黑暗的恐惧心理加重等 （2）想象力很强，但想象内容比较简单，属于重复和模仿，缺乏创造性 （3）对爱的渴望和安全感的需求很强烈，非常黏人 （4）狭小的家庭空间已经很难满足学习的欲望，迫不及待地想走出家门，去外面的世界探险；喜欢去公园、广场，接触各种各样的事物，认识其他小朋友，尤其乐意从大孩子那里学习玩耍的方式	游戏1：穿珠比赛 目的：训练精确的手眼协调能力，锻炼双手配合动作 玩法：用草绳穿木珠或塑料珠子。选择2 cm大个珠子，孔径5 mm。家长先示范用绳子从洞中穿入，从洞口另一侧将绳子拉出。等宝宝熟练后，家长和宝宝比赛，故意让宝宝赢几个回合，看宝宝1 min内能穿几个 游戏2：区分早上和晚上 目的：初步学习时间概念，分清早上和晚上 玩法：早上起床时，妈妈微笑说“宝宝早上好”，让宝宝说“妈妈早上好”。边起床边对宝宝说：“早晨天亮了，太阳公公出来了，咱们穿好衣服，出去散步。”白天多带孩子出去散步。到晚上向对宝宝说：“天黑了，外边什么也看不见了，宝宝们和小动物都回家了，要开灯才能看到。”逐步使宝宝分清早上和晚上，并让宝宝学习睡前说“晚安”

续表

家庭科学育儿要点	婴儿身心发展特征	家庭指导方法
6. 人际交往能力发展 引导宝宝交朋友，锻炼交往能力，促进语言发展；学习等待、分享，逐步建立规则意识，懂得排队，会将玩具及物品放回原来的地方 7. 生活自理能力发展 训练宝宝自己用勺吃饭洒饭少、喝水不漏，练习使用筷子	（5）还不会与其他小朋友合作游戏，有时虽然在一起玩，但大家都是各玩各的	游戏 3：学穿背心和套头衫 目的：培养自己穿衣服的自理能力 玩法：先找出一件前面带图案的背心或套头衫，让宝宝认识前后，同时让他看清领口前面开口比后面大些。将两手伸到袖洞里，双手举起，将衣服的领洞套在头上，用手帮助他使衣服过头穿上。这种学习最宜从夏天开始，因为夏天衣服简单、温度适合，孩子动作慢也没有关系。夏天让宝宝学会穿上衣和松紧裤子，到秋天再慢慢增加衣服，使宝宝循序渐进地学会穿脱衣服

四、2 岁 7 个月～3 岁婴儿家庭科学保育知识（见表 4-14）

表 4-14　2 岁 7 个月～3 岁婴儿家庭科学保育知识

家庭科学育儿要点	婴儿身心发展特征	家庭游戏方法
1. 膳食营养 注意饮食的均衡搭配，使宝宝养成良好的饮食习惯，预防贫血、缺钙、肥胖等 2. 语言能力发展 引导宝宝从听词模仿动作，说物品用途，说出反义词，逐渐到看图听故事，复述故事，回答故事中发生的情节，讲述自己的印象，丰富词汇量，再过渡到反义词配对，背诵唐诗，数数到 20 以上，猜谜语，复述见闻	1. 3 岁婴儿的生理指标参考标准（注意婴儿个体差异） 体重：13.49～14.04 kg 身高：93.95～95.05 cm 头围：48.2～49.2 cm 胸围：49.55～50.0 cm	游戏 1：认识人的不同职业 目的：认识不同职业 玩法：带宝宝外出时，经常会遇到不同职业的人，如司机、医生、护士、售货员、快递员、厨师、服务员、工人、农民、清洁工等，家长要随时向宝宝介绍不同职业所做的工作及其作用，让宝宝学会尊敬不同工作岗位的人，积极配合他人的工作，如不随地扔垃圾，把碗中食物吃干净等

续表

家庭科学育儿要点	婴儿身心发展特征	家庭游戏方法
3. 运动能力发展 指导宝宝从自如地走、跑、跳、走平衡木，过渡到跳高、单足跳远、跳格子、踢球、捡豆豆。训练手部精细动作，如轻泥制作、穿珠、钝刀切馒头，学会用剪刀，学会折纸，会使用筷子夹花生米等。教宝宝随音乐做动作、有节奏感，举手过肩投球，跳高 10 ~ 15 cm 4. 认知能力发展 引导宝宝理解时间概念，利用卡片配对接龙，分清物品属性，学习分类，如大小、形状、颜色、材料等。教宝宝知道父母工作单位，会说自己家的详细地址，介绍家庭成员、生活常识，感受季节特征和天气变化 5. 行为能力发展 指导宝宝从取放物品、购物、等待，穿鞋分清左右，到做事情有条理、懂得礼貌待客，过渡到自己穿脱单衣，培养简单的家务劳动、自理生活能力等 6. 人际交往能力发展 指导宝宝会玩合作性的游戏，引导宝宝在与他人交往中做完整的自我介绍，并且倾听小伙伴的自我介绍，增进交往能力 7. 入园前准备 加强心理和生活自理能力的培养，如有意识地与宝宝分离一段时间，分开的时间和次数循序渐进地增加；引导宝宝学习表达喝水、大小便、身体不适等需求；进一步指导宝宝自己独立吃饭、喝水、大小便、穿脱衣服等，为宝宝顺利入园打下基础	2. 3 岁婴儿的心理发育特征 （1）无意注意占主导地位，有意注意处于萌芽状态 （2）一些宝宝热衷于玩过家家的游戏，注意力已经能集中一段时间，这时的他已经能参与一些复杂的社会交往活动，做一些类似捉迷藏或老鹰捉小鸡等需要与人合作的游戏 （3）意志力处于萌芽状态，有一定的控制能力，但时间极短；有很强的冲动性 （4）喜欢别人鼓励、称赞、夸奖，有荣誉感 （5）怀念某人、某物、某事	游戏 2：学习等待 目的：锻炼忍耐性格和耐心等待的习惯 玩法：两岁的宝宝脾气比较急躁，尤其是想要的东西如不能马上得到就会发火。要给宝宝讲道理，让他学会等待。例如，妈妈正在做饭，但宝宝已经饿了，这时如果让他吃点心，到吃饭时，他就没有胃口了。应当请宝宝来当小帮手，帮助收拾整理餐桌、摆放碗筷等，一边帮忙一边等待。宝宝参与了，就会有成就感 在儿童乐园买票、玩滑梯、坐碰碰车等，都需要排队等候，要教导孩子耐心等待 游戏 3：认识季节 目的：通过衣服和食物等区分季节 玩法：用表现季节的图片让宝宝区分冬天或夏天；观察冬天人们穿棉衣、羽绒服、毛衣，戴口罩、帽子等，冬天北方下雪刮风、天气寒冷；夏天人们穿得单薄，天气炎热，打雷下雨，吃冰激凌和西瓜 冬天过后，春天来了，柳树发芽，桃花、梨花盛开，燕子飞来了；夏天过后，天气凉爽，秋天来啦，穿上毛衣，叶子变黄或变红等

五、3 岁 1 个月~ 4 岁幼儿家庭科学保育知识（见表 4-15）

表 4-15 3 岁 1 个月~ 4 岁幼儿家庭科学保育知识

家庭科学育儿要点	幼儿身心发展特征	家园共育方法
1. 膳食营养 引导宝宝适应幼儿园的集体饮食特点，不偏食、不挑食，养成喜欢吃瓜果蔬菜、喝白开水等良好饮食习惯 2. 语言发育要点 （1）引导宝宝用完整的话语表达，并能听懂指令，做出回应 （2）与宝宝一起背韵律感强的儿歌和唐诗，引导宝宝喜欢集体背诵，感受到集体活动的快乐 （3）提醒宝宝说话时注视对方的眼睛，使用恰当的礼貌用语 （4）在日常活动中，引导宝宝看画面，说出画面有什么，发生什么故事；教宝宝简单理解图书文字与画面对应及意义，能用图画表达一定的意思 3. 动作能力发展 （1）在户外玩耍时，有意识地锻炼宝宝的平衡能力，学会双脚交替上下楼梯，连续向前跳，双手向上抛球，躲避他人碰撞等运动的技能技巧 （2）教会宝宝一页一页地翻书，自己能看懂故事的大概内容 （3）指导宝宝单足跳、跳远、走独木桥，临摹正方形，剪图片，欣赏绝技表演，粗略地用手势表示自己的意思	1. 4 岁幼儿的体重、身高参考标准 （1）男孩 体重：12.7 ~ 21.2 kg 身高：94.9 ~ 111.7 cm （2）女孩 体重：12.3 ~ 21.5 kg 身高：94.1 ~ 111.3 cm 2. 4 岁幼儿的心理发育特点 （1）需要安全感：通过周围环境的熟悉感和规律感来建立安全感；需要家长和教师通过家访、视频、新生适应班等多种途径建立熟悉感	1. 培养良好生活习惯 （1）家长按时送宝宝入园吃早餐，教宝宝表达添饭、喝水等需求；离园后与宝宝一起回忆今天吃的什么饭，给宝宝讲解各种食物对其生长发育和健康的益处等 （2）要求宝宝使用电子产品不超过 15 min，不用脏手揉眼睛 （3）提醒宝宝早晚刷牙、饭前便后要洗手等 2. 培养观察力 家长和宝宝可以共同种植植物或养殖小动物，引导宝宝仔细观察事物的特征，锻炼宝宝的观察能力，培养宝宝的听觉分辨能力；特别注意对宝宝眼睛的保护

续表

家庭科学育儿要点	幼儿身心发展特征	家园共育方法
（4）让宝宝用笔涂涂画画，尝试用线条、色彩来表现自己的感受 （5）指导宝宝自己如厕，自己穿脱衣服和鞋袜，独立、按时睡觉 4. 社会认知能力发展 （1）鼓励宝宝找一个能基本支持他想法和行动的想象中的伙伴，引导宝宝能与比他年龄大的小朋友一起玩，使他喜欢玩有想象力的游戏 （2）支持宝宝和不同群体的伙伴一起游戏 （3）提醒宝宝遵守游戏和公共场所的规则，物品有借有还、爱护玩具等 （4）让宝宝充分感受家庭和集体的温暖，知道自己和家庭成员的关系，知道家庭住址、父母姓名及电话等 （5）宝宝对事实与虚构不能很好地区分，在外面与人聊天讲起家里的事头头是道 5. 科学探究 （1）鼓励宝宝用多种感官去探索、感知自然，并提出问题、寻找答案 （2）给宝宝提供丰富的材料和工具，引导宝宝认识大自然中的植物和动物，感知和发现物体及材料的软硬、光滑与粗糙等特性 （3）引导宝宝观察事物的形状特征，尝试用生动和有趣的词汇来描述事物	（2）通过周围环境的一致性、重复性和直观性寻找到规律感 （3）需要用肢体接触来感受到关爱 （4）情绪比较稳定；个别时候，与其他小朋友发生争执、纠纷时，在教师的调解下，也能较快地平复情绪	3. 及时检查和矫治眼睛的屈光不正 定期带宝宝去眼科检查双眼屈光不正等情况，及时矫治，在4岁之前矫治效果会更好。斜视和双眼屈光不正严重时，有一眼的成像会被视网膜废弃不用，使不用的眼睛成为弱视，长期只用一眼视物就会失去立体感和距离感。在12岁之前如果不矫治，宝宝长大之后就会因弱视而不能胜任许多工作，从而限制其择业

六、4岁1个月~5岁幼儿家庭科学保育知识（见表4-16）

表4-16 4岁1个月~5岁幼儿家庭科学保育知识

家庭科学育儿要点	幼儿身心发展特征	家园共育方法
1. 膳食营养 训练宝宝文明进餐，不撒饭、不剩饭、不大声说笑、坐姿端正等。教宝宝注意干稀搭配，逐步练习使用筷子、餐后自己整理餐桌等 2. 语言能力发展 （1）引导宝宝学会认真倾听，能结合情景感受到不同语气、语调所表达的不同意思 （2）鼓励宝宝与人交谈，引导宝宝完整地讲述自己所见所闻和经历的事情，支持宝宝和同伴一起玩耍、交谈，相互讲述见闻、故事 （3）引导宝宝的主动运用礼貌用语，不大声说话；蹲下来，与宝宝平视，耐心听孩子把话说完等 （4）激发宝宝的阅读兴趣，培养阅读习惯。教宝宝在讲故事时要带着表情，能用不同的语调代表不同的人讲话，演节目时也要带表情，有喜悦、担忧等情绪，能体会作品的情绪情感。发展宝宝的想象力和创造能力 3. 动作能力发展 （1）锻炼宝宝的动作协调性和灵活性：多做一些走、跑、跳、投、平衡、钻、爬、攀登、拍球、滚铁环等活动 （2）培养宝宝生活自理能力，参与家务劳动，发展手的精细动作，如练习自己用筷子吃饭、扣扣子、择菜、扫地等，会整理自己的床和物品	1. 5岁幼儿的体重、身高参考标准 （1）男孩 体重：14.1~24.2 kg 身高：100.7~119.2 cm （2）女孩 体重：13.7~24.9 kg 身高：99.9~118.9 cm 2. 5岁幼儿的心理发育特点 （1）处于“无意识反抗期”，以“自我”为中心，为了反抗而反抗，喜欢和大人对着干 （2）初步建立集体归属感，较快适应新的班级环境，觉得自己是一个对集体有贡献的人	1. 练习用剪刀 5岁幼儿不但要会剪，还要会贴，并且贴得平整。只要家长坚持让宝宝练习就一定能学会 2. 解、系鞋带 5岁的幼儿必须学会解、系鞋带，因为上学后要穿系鞋带的运动鞋上体育课。有些女孩在54个月时就已学会，多数幼儿要在68个月时才能学会。宝宝不但要会解系活结，还要会解系死结

续表

家庭科学育儿要点	幼儿身心发展特征	家园共育方法
4. 社会认知能力发展 （1）给宝宝创造去公园、串亲戚等交往的机会，体会交往的乐趣 （2）当宝宝与小朋友玩耍发生矛盾或冲突时，指导宝宝尝试协商、交换、轮流玩等方式解决；引导宝宝学会换位思考，理解别人 （3）鼓励宝宝自主决定，独立做事，增强自信心，学会关心他人 （4）利用生活情景和图书故事，经常和宝宝玩规则游戏，遵守共同约定 5. 科学探究 （1）支持和鼓励宝宝在探究的过程中积极动手动脑，寻找答案或解决问题，尝试进行简单的推理和分析 （2）引导宝宝感知和体会数的不同意义，用数的信息进行简单的推理、比较和分析	（3）尝试建立自主性，希望多一些“我可以”的机会 （4）对自己的情绪有初步控制力，需要家长针对宝宝情绪给予恰当的引导，让宝宝学会恰当表达和调控情绪	3. 恰当表达和调控情绪 （1）家长用恰当的方式表达情绪，为宝宝做出榜样。如生气时不乱发脾气，不迁怒于人。家长和宝宝一起谈论自己高兴或生气的事，鼓励宝宝与人分享自己的情绪。允许宝宝表达自己的情绪，并给予适当的引导 （2）如宝宝发脾气时，不硬性压制，等其平静后告诉他什么行为是不可以接受的 （3）发现宝宝不高兴时，主动询问情况，帮助他化解消极情绪

七、5岁1个月~6岁幼儿家庭科学保育知识（见表4-17）

表4-17　5岁1个月~6岁幼儿家庭科学保育知识

家庭科学育儿要点	幼儿身心发展特征	家园共育方法
1. 膳食营养 让宝宝养成早晚刷牙、餐后漱口的好习惯，预防龋齿；让宝宝简单了解食物的营养对自己生长发育和身体健康的益处，减少高脂肪、高糖、油炸、腌制、烧烤及小摊点售卖的不健康食品	1. 6岁幼儿的体重、身高参考标准 （1）男孩 体重：15.9 ~ 27.1 kg 身高：106.1 ~ 125.8 cm （2）女孩 体重：15.3 ~ 27.8 kg 身高：104.9 ~ 125.4 cm	1. 逐渐延长注意力 这个阶段的宝宝应能集中注意力15 min，逐渐也能抑制自己不被外面声音打扰

续表

家庭科学育儿要点	幼儿身心发展特征	家园共育方法
2. 动作能力发展 （1）指导宝宝进行连续拍球、手脚并用攀爬、躲避他人等技能性活动 （2）指导宝宝单脚连续跳、快跑、自己背包，按类别整理房间、书包等 （3）引导宝宝注意活动安全：正确安全使用剪刀、锤子，正确握笔，主动保护眼睛 （4）利用视频、图片、游戏等多种形式，教会宝宝简单的自救和求救的方法：知道自己的家庭住址、父母姓名、联系电话和单位，遇到紧急情况如何拨打110、119、120等求救电话，或向身边的人求救 3. 语言能力发展 （1）培养宝宝的注意力，时间逐渐延长；培养宝宝的语言能力、听力理解能力 （2）引导宝宝愿意与人讨论问题，能有序、连贯、生动地讲述一件事情 （3）培养宝宝积极主动回应别人、轮流讲话、不大声喧哗以及使用文明用语的语言行为习惯 （4）引导宝宝形成初步阅读理解能力，如能根据故事的部分情节来猜想故事情节的发展，或续编、创编故事，对看过的故事发表自己的看法，初步感受文字语言的美 4. 社会认知能力发展 （1）鼓励宝宝与自己的好朋友友好相处，有合作、分享的意识。设计一些游戏情景，引导宝宝解决同伴间的矛盾和冲突	2. 6岁幼儿的心理发育特点 （1）处于“有意识的反抗期”，有选择地反抗；自我意识强，主观能动性强 （2）语言表达和思维达到一个新的水平，顺向思维和逆向思维同时存在	2. 预防龋齿 有很多幼儿在6岁时长出“六龄牙”，即第一颗恒磨牙，在第二乳磨牙的后方左右上下共四颗，负担主要的咀嚼功能。它萌出最早，被龋蚀的机会最多。如果不注意保护，等到被龋坏到要拔掉时，就会影响咀嚼功能，而且使其他牙齿移位，咬合紊乱。6岁时父母最好在“六龄牙”萌出后就到医院进行检查，及早防止龋蚀

续表

家庭科学育儿要点	幼儿身心发展特征	家园共育方法
（2）引导宝宝主动承担任务，面对困难有自信，敢于坚持自己的意见并说出理由 （3）引导宝宝尊重他人，学习用平等、包容和尊重的态度对待不同的人和事 （4）引导宝宝理解并遵守规则，敢于认错，认真完成自己接受的任务，爱护物品和环境 （5）鼓励宝宝参加集体活动，如唱国歌、升国旗等使宝宝萌发集体荣誉感 5. 科学探究 （1）引导宝宝通过观察、比较和分析，发现并描述不同物体的特征或前后变化；帮助宝宝制订简单的计划并认真执行 （2）引导宝宝观察动植物的特征、习性与生存环境的适应关系，感知并了解季节变化的周期性 （3）教宝宝数的分解和组成，学会加减运算 （4）指导宝宝感知立体事物，学习如何用三角形拼成长方形	（3）有独立的人格，喜欢被肯定，渴望被爱、被尊重 （4）能经常保持稳定愉快的情绪，学会适度的表达和转换自己的情绪	3. 建立集体荣誉感和规则意识 家长和宝宝共同制定一些游戏或活动规则、家庭约定等，并相互约束来执行规则；注重和宝宝讲道理，教给宝宝集体规则背后的意义，让宝宝有“参与感”“自主权”，也使他更愿意遵守规则

培训单元 2　个案跟踪记录与沟通

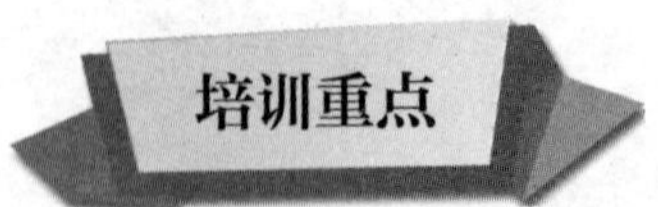

培训重点

➔ 能撰写特殊儿童个案跟踪记录。

➔ 能为特殊儿童家长提供科学保育指导。

一、特殊儿童个案追踪记录

1. 个案追踪记录的对象

个案跟踪记录的对象为特殊儿童，包括营养不良、营养性缺铁性贫血、单纯性肥胖、有视力或龋齿问题、行为偏离（自闭症、攻击性行为）、言语发育障碍（语言发育迟缓）、其他心理发育障碍（厌食症、屏气发作症、夜惊等）的儿童。

2. 个案追踪记录的意义

托幼机构加强对特殊儿童的观察护理，针对特殊儿童的特点，按照不同病种制定并落实各项措施，建立专项管理档案，可以掌握每个特殊儿童的第一手资料，为治疗提供依据，促进其早日康复。

3. 进行个案跟踪记录的工作内容及要求

（1）在保健医生的指导下，认真执行特殊儿童管理规章制度。

（2）做好特殊儿童的观察和护理工作。

（3）配合保健医生制订特殊儿童一日生活计划，注意动静结合、劳逸结合，确定适合特殊儿童参加的体格锻炼活动。

（4）仔细观察特殊儿童的精神状态、饮食、睡眠、大小便及参加集体活动情况，做好每日记录，出现特殊情况及时反馈给保健医生。

（5）做好家园沟通，定期向家长反馈特殊儿童在园期间的情况。

（6）做好特殊儿童的心理工作，说话态度和蔼、动作轻柔，在特殊儿童上课、户外活动、进餐、午休、大小便等环节给予特殊关照。

4. 体弱儿童的个案追踪记录

填写要求：

（1）认真、如实地填写患儿的班级、姓名、性别及发现日期。

（2）登记范围包括营养不良、营养性缺铁性贫血、单纯性肥胖等，在相应的体弱儿类别上打“√”。

（3）根据体弱儿类别，定期在园所或由家长带到医院复查患儿身高、体重、血色素、视力或龋齿情况，如实记录。

（4）定期、如实记录针对患儿的观察情况。

（5）配合保健医生，针对体弱儿类别制定适合该患儿的护理和指导方案，并认真落实实施方案。

（6）及时与家长沟通，交流患儿在园所情况、方案落实情况及矫治情况等；积极听取家长对患儿在家情况的反馈，家园合作促进患儿早日康复。

体弱儿的个案追踪记录样表见表 4–18。

表 4–18　体弱儿童个案观察记录表

<table>
<tr><td>班级</td><td></td><td>姓名</td><td></td><td>性别</td><td></td><td>发现日期</td><td></td></tr>
<tr><td rowspan="3">类别</td><td colspan="3">营养不良</td><td colspan="2">肥胖</td><td>贫血</td><td>其他</td></tr>
<tr><td>低体重</td><td>发育迟缓</td><td>消瘦</td><td>中度</td><td>重度</td><td rowspan="2"></td><td rowspan="2"></td></tr>
<tr><td></td><td></td><td></td><td></td><td></td></tr>
</table>

检查日期	年龄	体重	身高	血色素	评价

1. 观察情况

2. 护理和指导方案

3. 家园沟通及配合情况

转归：痊愈、好转、未愈、转园、毕业　结案：　　年　　月　　日　保育员：

5. 心理异常儿童的个案追踪记录

填写要求：

（1）认真、如实填写患儿的班级、姓名、性别、出生日期等基本情况。

（2）登记范围包括自闭症、攻击行为、语言发育迟缓、厌食症、屏气发作症、夜惊等。

（3）根据心理异常类别，定期、如实记录对患儿的观察情况。

（4）保育员要给患儿更多的温暖、关心，积极发动班级小朋友与患儿做好朋友，让患儿感受班集体的温暖，以利于患儿的康复。

（5）配合保健医生针对患儿类别制定适合该患儿的护理和指导方案，并认真落实实施方案。

（6）及时与家长沟通，交流患儿在园所情况、方案落实情况及矫治情况等，并积极听取家长对患儿在家的情况反馈，促进患儿早日康复。

心理异常儿童的个案追踪记录样表见表 4–19。

表 4–19 心理异常儿童个案观察记录表

<table>
<tr><th>日期</th><th>班级</th><th>姓名</th><th>性别</th><th>出生日期</th><th>年龄</th></tr>
<tr><td></td><td></td><td></td><td></td><td></td><td></td></tr>
<tr><td colspan="6">1. 心理行为问题</td></tr>
<tr><td colspan="6">2. 观察情况</td></tr>
<tr><td colspan="6">3. 护理和指导方案</td></tr>
<tr><td colspan="6">4. 家园沟通及配合情况</td></tr>
</table>

二、特殊儿童家庭保育的沟通与指导

1. 营养不良患儿的保育

（1）营养不良分类

1）低体重（年龄别体重低于评价标准），此指标反映患儿急性或近期营养不良。

2）发育迟缓（年龄别身高低于评价标准），此指标反映患儿慢性长期营养不良。

3）消瘦（身高别体重低于评价标准），此指标反映近期急性营养不良。

4）严重慢性营养不良（年龄别身高和身高别体重低于评价标准），此标准主要反映儿童近、远期均有营养不良。

（2）营养不良的评价方法

低体重：年龄别体重＜−2 SD；

生长迟缓：年龄别身高＜−2 SD；

消瘦：身高别体重＜−2 SD。

（3）营养不良的分度

轻度营养不良（Ⅰ度）：体重低于正常体重的 15% 以上；

中度营养不良（Ⅱ度）：体重低于正常体重的 25% 以上；

重度营养不良（Ⅲ度）：体重低于正常体重的 40% 以上。

（4）营养不良患儿的管理

1）追踪病因。根据营养不良患儿的母亲孕产情况、饮食情况（有无严重的挑食、偏食）、身体状态（有无慢性腹泻、反复感染等慢性病史）、父母身体情况、家庭情况等，分析患儿营养不良的病因，对症制定护理措施。

2）加强患儿饮食管理。少量多餐，适当多吃易消化、清淡、高蛋白、高热能的食物，保持平衡膳食，必要时可以喝一些山楂水、神曲麦芽水，或用中药综合调理以帮助消化、吸收。由于患儿脾胃弱，切忌养成贪多、偏食高脂肪、肉食等不健康的饮食习惯。

3）带患儿适度进行锻炼（强度不可过大）。适度锻炼可以帮助消化、增强抵抗力，如餐后散步、走路去幼儿园、经常去公园等，注意循序渐进地进行锻炼。

4）培养健康的生活方式，如保持愉悦的心情，平衡膳食，适度锻炼身体，养成良好的行为方式等。

5）定期监测。

2. 贫血患儿的保育

（1）诊断标准

轻度：血红蛋白测定值为 90 ~ 110 g/L；

中度：血红蛋白测定值为 60 ~ 90 g/L；

重度：血红蛋白测定值低于 60 g/L。

（2）缺铁性贫血患儿的管理

1）追踪病因。根据平时的身体状况（有无腹泻、反复感染、慢性病等）、饮食情况（有无偏食、挑食等），对症制定护理措施。

2）饮食治疗。调整饮食，食物内容力求多样化，补充含铁、蛋白质丰富的食物，如猪肝、动物血、瘦肉、木耳等。

3）药物治疗。必要时使用铁剂治疗等。

4）预防措施。培养良好的饮食习惯，膳食平衡、合理、营养；预防感染性疾病及寄生虫病，如钩虫病、蛔虫病等。

5）适度锻炼。视幼儿病情，适度进行户外锻炼，帮助消化和增强抵抗力。

6）定期复查。

3. 肥胖儿的保育

（1）肥胖儿的分度

1）超重：超过身高标准体重的 10% ~ 19%。

2）轻度肥胖：超过身高标准体重的 20% ~ 29%。

3）中度肥胖：超过身高标准体重的 30% ~ 49%。

4）重度肥胖：超过身高标准体重的 50% 及以上。

在托幼机构，以身高别体重大于或等于中位数加 2 个标准差（+2 SD）作为粗指标对肥胖儿进行管理。

（2）肥胖儿评价公式

（测量体重 − 身高别体重中位数）/ 身高别体重中位数 ×100%

（3）肥胖儿的管理

1）追踪病因。从饮食、运动、遗传、心理等方面仔细分析病因，对症制定护理措施。如考虑其他疾病引起的肥胖，应带患儿去医院进行检查。

2）行为矫正。家园配合矫治肥胖儿不良饮食习惯与生活习惯。

3）饮食调整

①必须保证儿童生长发育基本需要与营养平衡。

②主要控制脂肪过多摄入，蛋白质必须保证每天每千克体重 1 ~ 2 g，主食以碳水化合物为主，但应限制甜食、零食的摄入。

③多选择绿灯食品，少吃黄灯食品，尽量不吃红灯食品。

④进餐时适当限制肥胖儿食量，要求添饭时应给予体积大、热能低的食物，多给蔬菜，少添主食。

⑤控制进食速度，在进餐中不断提醒肥胖儿细嚼慢咽，放慢进食速度。

⑥家园配合，使肥胖儿在家也能按上述饮食原则进餐，做到持之以恒。

4）运动调整

①选择全身肌肉参与的有氧运动，如跑步、跳绳、爬楼梯等。

②每次运动不少于 15 min，每天运动总时间为 45 min，一般需要坚持 2 ~ 3 个月才会明显见效。

5）心理调整。家园共育，多肯定和赞赏，培养孩子的阳光心态，积极参加集体活动，坚持锻炼。

6）定期检测。每月测体重 1 次，每 3 个月测量身高 1 次。

7）其他。对单纯性肥胖一般不提倡药物治疗，而应针对病不良生活习惯积极护理。

4. 视力不良患儿的保育

（1）使用“E”行或对数（即图形）灯光视力表（4 岁以上），视力表悬挂高度合乎标准（国际标准视力表 1.0 一行，对数视力表 5.0 一行，与儿童双眼大致位于同一水平）。视力表与患儿保持 5 m 距离，检查时应遮盖一只眼睛，按先左后右的顺序检查。

（2）正常视力标准：4 岁为 0.8，≥5 岁为 1.0。

（3）视力低常标准：4 ~ 5 岁＜0.6，5 ~ 6 岁＜0.8。

（4）视力不良患儿的管理

1）养成良好的用眼习惯。减少看电视、电脑、手机等电子产品的时间，或控制在 20 min 以内。

2）经常带患儿去室外活动，多看绿色植物，让视野更开阔，缓解用眼疲劳。

3）饮食调整。经常给患儿补充含维生素 A 丰富的食物，如胡萝卜、动物肝脏等。

4）注意观察患儿用眼习惯，发现异常及早矫治。

5. 龋齿患儿的保育

（1）教会患儿饭后漱口、早晚刷牙（2 岁漱口、3 岁刷牙）并养成习惯，选择合适的圆头、软毛儿童牙刷和含氟牙膏。

（2）每半年进行一次口腔防龋保健，由专业口腔医生进行检查。

（3）让患儿多吃含钙丰富的食物，如芝麻酱、虾皮、骨头汤等，以促进骨骼和牙齿的健康，要少吃甜食。

（4）让患儿多了解爱护牙齿的健康知识。

6. 有攻击行为儿童的保育

（1）表现

1）侵犯他人身体（踢、打、抓、咬）。

2）毁坏物品（撕、扔、踩）。

3）言语攻击（讥笑、讽刺、诽谤、谩骂）。

（2）形成原因

1）发泄不良情绪，保护自己。

2）观察模仿电影、电视或成人行为。

3）家教不当，如过分溺爱、怕孩子吃亏、经常受到惩罚。

（3）有攻击行为儿童的管理

1）改变不当的家教方式，让孩子远离暴力和不良诱因；家长以身作则，经常带孩子去书店、公园、郊外等健康场所；避免让孩子接触暴力影视作品或游戏等。

2）帮助孩子学习如何与他人相处、调整情绪、对待挫折；多带孩子去公共场所，鼓励孩子与同龄人平等交往，帮助孩子找到好朋友；在孩子交往过程中与小朋友发生争执时，家长不要急于干涉，而是观察孩子是如何处理和化解的。

3）干预侵犯行为。如果孩子在日常生活或交往过程中，出现攻击或其他不当行为，家长要端正态度，正确面对，向孩子说明错在哪里，同时要求孩子勇敢承认和改正错误。

4）必要时带孩子进行相应的心理治疗（示范法、消退法、暂时隔离法）。

5）家园共育，积极做好配合。

7. 语言发育迟缓儿童的保育

（1）表现

1）发音障碍，在某个字音或单词上停顿、重复、延长。

2）肌肉紧张，呼吸和发音器官紧张性痉挛。

3）伴随动作有跺脚、摇头、挤眼、歪嘴。

4）伴有其他心理异常，易兴奋，易激惹，胆小，有睡眠障碍。

（2）原因

1）精神创伤，如生活突然遭遇重大变故。

2）模仿，出于好奇心喜欢模仿身边的人。

3）语言教育上的失误。

4）躯体疾病。

（3）语言发育迟缓儿童的管理

1）家长要正确对待孩子说话时不流畅的现象，切忌急躁、批评，以免孩子越紧张越口吃。

2）消除环境中可致孩子精神过度紧张不安的各种因素，告诉他想好后再一字一句慢慢说。

3）用平静、柔和的语气和孩子说话，让孩子与家长面对面，注意眼神和口型的交流。

4）多给予孩子精神鼓励，及时发现孩子点滴的进步，并立即给予表扬，建立孩子的自信心。

5）多让孩子练习朗诵、唱歌等。

8. 神经性厌食儿童的保育

（1）表现

长期厌食，对食物不感兴趣；吃得极少，经常回避或拒绝进食；如果强迫喂食，会立即引起呕吐。

（2）原因

1）过分注意孩子进食或强迫进食。

2）进食前活动过度，如剧烈活动或情绪激动等。

3）进餐气氛不良，如餐前或进餐时批评孩子等。

4）不良的饮食的习惯。

（3）神经性厌食儿童的管理

1）家长要培养孩子良好的饮食习惯，如一日三餐定时、定量、定点，小声沟通，不大声喧哗、不大声说笑，坐姿端正，食物干稀搭配。

2）家长应创造安静、愉悦的进餐环境。避免边吃饭边看电视，或者大声谈笑，转移孩子注意力；进餐环境整洁、餐具洁净；进餐时播放轻音乐，通过饭菜的色、香、味、形等激发孩子进餐的欲望。

3）家长应增加孩子的活动量，使其有饥饿感；多带孩子去室外活动，如散步、爬山、到公园玩耍；或者有意识地邀请其他小朋友一起玩耍，帮助孩子建立良好的朋友关系，以利于孩子人际交往及良好性格的培养。

9. 屏气发作儿童的保育

（1）表现

在遇到发怒、惊恐或不如意的事时，突然出现急剧的情绪爆发，随即发生呼吸暂停。

（2）病因

由某种心理诱因触发或机体缺铁所致，约30%的患儿有家族史。

（3）屏气发作儿童的管理

1）尽量消除可引起孩子心理紧张的各种因素；有事要提前告知孩子，让孩子有心理准备；遇到突发事件，家长首先要保持冷静。

2）家长应正确教育，对孩子的合理要求积极支持并给予帮助或指导；对孩子的无理要求，家长要讲清道理，不予支持，或转移其注意力等，切忌溺爱孩子。

3）注意适当补充铁剂，多给孩子吃动物肝脏、动物血等含铁丰富的食物，及新鲜的蔬菜、水果等维生素C丰富的食物，促进铁的吸收，注意平衡营养膳食。

4）当孩子发作时，家长要镇静，待其恢复后设法平复其紧张情绪。

5）必要时服用镇静剂。

10. 夜惊儿童的保育

（1）表现

入睡后不久，突然坐起来，尖叫哭喊，两眼瞪直或紧闭，极为惊恐，并伴有心跳加快、呼吸急促、全身出汗等症状，难以唤醒或使他安静下来。数分钟后自行入睡，醒后完全遗忘。

（2）原因

1）心理因素。与父母分离，亲人伤亡，父母吵架或离异；受到严厉惩罚；睡前看了惊险的电视或听了情节紧张的故事；精神受到刺激等。

2）环境因素。室温过高，空气污浊，手压胸口，晚餐过饱。

3）生理因素。鼻咽部疾病致使呼吸不畅，患肠道寄生虫病。

（3）夜惊儿童的管理

1）消除引起孩子紧张不安的心理诱因，减少情绪紧张；预知容易引起孩子紧张的事情，提前与孩子多次沟通，如入园前，多次带孩子去熟悉幼儿园、教室和老师，邀请老师来家里做客，慢慢与老师建立信任等。

2）改变不良环境，注意培养良好的睡眠习惯。晚上就寝前，不看故事情节过于激烈、打斗等的电视剧或游戏；不讲恐怖或情节紧张的故事；不玩过于兴奋的游戏等；可以播放助眠音乐，讲让孩子身心放松的故事等；让孩子养成早睡早起的睡眠习惯。

3）积极预防和治疗孩子的躯体和心理疾病。

11. 自闭儿童的保育

自闭症是广泛性发育障碍的代表性疾病，主要特征是不同程度的人际交往障碍、兴趣狭窄和行为方式刻板，一般在 3 岁以前就会表现出来。

（1）典型表现

1）社会交往障碍。患儿在社会交往方面存在严重缺陷。在婴幼儿期，患儿回避目光接触，对人的声音缺乏兴趣和反应，呼之不应，对父母不产生依恋，缺乏与同伴交往或玩耍的兴趣，不能与同龄儿童建立同伴关系，不会与人分享快乐，受到伤害不会寻求安慰。

2）交流障碍

①非言语交流障碍。患儿常以哭或尖叫表示他们的需求或不舒服；稍大的患儿可能会拉着大人的手走向他们想要的东西，缺乏相应的面部表情或表情漠然。

②言语交流障碍。患儿言语交流方面存在明显障碍，包括：

a. 语言理解力不同程度受损。

b. 言语发育迟缓或不发育。

c. 言语形式及内容异常。患儿常常存在模仿言语、刻板重复言语，语法结构、人称代词常用错，语调、语速、节律、重音等也存在异常。

d. 言语运用能力受损。部分患儿可能会背儿歌、广告词，但很少用言语进行交流，不会主动提出问题。

3）兴趣狭窄及刻板重复。

（2）病因

1）遗传因素，相关研究发现该病的遗传度为 37% ~ 90%。

2）脑功能异常。自闭症患儿一些脑区的功能存在异常，5- 羟色胺等神经递质的水平异常。

3）孕期理化因子刺激、环境中的有害因素，可能影响妊娠早期胚胎的发育，增加自闭症风险。

（3）自闭儿童的管理

主要体现在衣、食、住、行、玩等五个方面：

一是教会孩子穿脱衣物，这种方法看似简单，但却可以锻炼孩子的动手能力，以及孩子的物品归属意识，可以有效提升孩子的自我认知能力。

二是教会孩子正确使用餐具，引导孩子感受不同的食物，会对孩子的视觉和味觉产生良好的刺激，可以激发孩子的认知意识。

三是让孩子了解家庭区域布局以及对不同区域的认知，会提高孩子独立生活的能力。

四是家长要多带孩子外出接触大自然，尤其是去游乐场或者动物园等场所，以激发孩子的童心，在认知的同时使孩子对生活产生浓厚的兴趣并拓宽视野，有助于孩子打开封闭的心门接纳外界事物，对自闭症的治疗会有非常大的帮助。

五是多参与儿童相关的各类活动，如儿童剧场演出、亲子运动会、零距离的乐器演奏等都是积极的尝试。

正确的家庭干预，对自闭儿童缓解疾病症状的帮助是非常大的。孩子会从细小的动作、行为或者事物中，用自己的眼睛和心灵去观察和体会，对缓解自闭症，提升孩子的自理、自立能力具有非同一般的意义。

职业模块 五 培训与指导

培训项目 1 技能培训

培训单元 技 能 培 训

➔ 了解培训的分类及流程。

➔ 掌握对初级、中级保育员培训的内容。

一、培训的分类及流程

1. 培训的分类及其功能

培训是一种有组织的知识传递、技能传递的行为与过程。劳动者要提高技术素质，就必须通过技能培训。有计划的培训有助于学员学习相关知识、提高相关能力，从而改进技能、更新原有的知识结构，提升专业能力。

由于受训人员的基础不同、文化水平参差不齐，其职业观念、专业知识和操作技能会有较大的差异，因此，加强培训与指导是提高保育工作质量的基础和前提，也是影响婴幼儿全面成长和行业健康发展的主要因素。

培训分为职前培训和在职培训，前者是从业人员从事该职业前的基础性培训，通过培训考核合格取得从业资格；后者是从业人员在从业过程中更新知识、提高技能的过程，也被称为岗位培训或继续教育培训。职前培训是一次性的，在职培训的次数以及所需时间根据职业发展的需要而定，甚至贯穿整个职业生涯全过程。

二、培训资源

培训资源包括培训内容、培训师资等核心因素，也包括组织过程等非核心因素。在优质的培训过程中，只有保持培训资源的优势，才能取得培训的效益。

一方面，培训的内容和方法视培训目标而定，是培训目标的具体化体现。可以分体系进行，如保育员职业素养与职业道德培训，可以侧重职业道德与保育员应知应会、保育员应遵守的法律法规及案例来设计培训课程；卫生管理与教育培训，可以从物品的清洁、消毒、物品保管来设计培训课程；生活管理与教育培训，可以从婴幼儿的一日常规、进餐、盥洗、睡眠等操作流程和规范来设计培训课程。

另一方面，根据专业化程度细分培训内容，把工作中常见的多发问题形成关键培训内容，采用活页式培训教材，如不同物品的消毒、行为问题中的攻击行为或注意力不集中，设计专门的培训专题；也可根据自己在从业过程中的积累，形成在某个职业模块的独有心得或经验进行分享，如剖宫产儿童的行为训练。

【案例 5-1】 活页式培训教材（见表 5-1）

表 5-1　编织物（毛巾、餐巾）的消毒

工作任务	编织物（毛巾、餐巾）的消毒	培训模式	任务驱动
建议学时	3 学时	培训地点	实景教室
任务描述	在幼儿园承担婴幼儿一日保育工作，完成婴幼儿生活物品中编织物（毛巾、餐巾）的消毒。		
培训重点	掌握不同物品的消毒方式、消毒配比及作用时间。		
材料、设备	日常消毒工作所需的各类型消毒剂、橡胶手套、水盆、喷壶。		
培训操作流程	了解物品的属性→认识相对应的消毒用品→了解物品的消毒方式→掌握物品的消毒步骤→消毒后物品的保管存放→消毒用品的保管存放。		
相关知识	消毒剂的特点及其作用方式，消毒液配比，消毒操作流程。		

续表

工作任务	编织物（毛巾、餐巾）的消毒	培训模式	任务驱动
建议学时	3 学时	培训地点	实景教室
消毒方法	1. 煮沸消毒法 蒸锅内的水应将物品全部淹没。水沸后开始计时，持续煮沸 15 min。 2. 流通蒸汽消毒法 利用 100 ℃水蒸气消毒 10 min。最简单的方法是用蒸饭箱，常用的流通蒸汽消毒设备有蒸汽消毒柜、蒸汽消毒车，可以按其使用说明书进行操作。 3. 二溴海因消毒液浸泡消毒法 放入浓度为 250 mg/L 二溴海因消毒液内，浸泡 10 min，然后洗涤。 4. 季铵盐消毒液浸泡消毒法 对有色织物，可用浓度为 2 000 mg/L 复方季铵盐消毒液浸泡 10 min，然后洗涤。 5. 消毒柜消毒法 按照产品使用说明书规定的方法进行消毒处理。注意将编织物散开，不要叠放。		实际演练
注意事项	1. 使用消毒剂消毒后要用清水把残留消毒剂洗掉或擦掉。 2. 所有物品、用具的消毒都应在清洁工作之后进行。 3. 编织物消毒后，要用干净镊子或者手将其放到规定位置，避免二次污染。		

三、培训的一般流程

完整的培训要经历几个阶段，每个阶段均有其重点任务。只有每一个阶段都做好衔接，才能顺利达成培训目标。

1. 收集信息

这个阶段的任务主要是收集培训需求信息，了解家长或初级、中级保育员的需要，围绕提高家长保育水平、提高保育员岗位技能，发现其中集中或倾向性的问题，确定培训的目标。信息收集是制订培训计划的基本依据，也是保障培训有效性的基础。

2. 编制培训计划

培训计划包括培训主题、培训方式、培训对象、培训者、培训地点、考核方式等。培训计划是对培训目标的细化，要根据培训主题选择教材或编写讲义，在此基础上进行各项目预算，形成培训的方法以及必要的设施设备等技术要求。

3. 组织实施

组织实施是培训计划的落实过程，需要组织者随时协调各方面的关系，如师资、学员考勤、学习进度监督等。这个过程需要根据各方面的情况随时进行调整，保证培训按照既定进度完成。

4. 培训质量评估

设计培训质量评价表，包括对学员掌握技能情况进行考核评价和对培训讲师授课质量进行评价两项，样例见表 5–2。

这个阶段要对培训的各个要素进行测量，听取来自培训者、培训对象的意见或建议；还可以建立档案或追踪制度，综合自我评估、过程监控和结果鉴定，检验培训的效果，总结经验或发现问题。

表 5–2　培训质量评价表（样例）

培训名称______________　组织部门______________　培训讲师______________

培训对象______________　培训内容______________　培训课时______________

评价类别	序号	评价项目	评价结果				
			差	一般	合格	良好	优秀
			0	1	2	3	4
学员学习质量评价	01	掌握培训技能的程度	□	□	□	□	□
	02	培训项目基础知识融入程度	□	□	□	□	□
	03	培训项目的具体操作步骤	□	□	□	□	□
	04	培训项目中的关键点特别提醒	□	□	□	□	□
	05	培训内容切合岗位发展需要	□	□	□	□	□
	06	课程内容适中，易于理解	□	□	□	□	□
	07	培训后独立操作能力	□	□	□	□	□
	08	培训有效性	□	□	□	□	□
培训师授课质量评价	09	仪容、仪表得体	□	□	□	□	□
	10	讲解技巧独到	□	□	□	□	□
	11	语言表达严谨、缜密、清晰	□	□	□	□	□
	12	互动性强，鼓励学员参与课堂教学	□	□	□	□	□
	13	培训方式生动，吸引人	□	□	□	□	□
	14	培训内容系统丰富	□	□	□	□	□
	15	培训内容紧密联系岗位实际需要	□	□	□	□	□
	16	培训 PPT 制作质量	□	□	□	□	□

四、常用培训方法

根据培训目的和内容，需要应用适宜的培训形式和方法。常见的培训方法包括讲授法、示范指导法、案例分析法、小组讨论法等，这些方法可以同时并用。

1. 讲授法

讲授法是通过语言表达，使抽象知识变得具体形象，传播给众多受训者的教学方法，是最常用的培训方法。

讲授法适合于传授新理念、新知识，它需要讲授者具有较高的理论水平，能够科学系统地阐述基本理论，同时具备较强的语言表达能力，能够使理论知识浅显易懂。由于可以同时向大量受训者提供培训，因此除直接传递信息外，它还可作为其他培训形式的辅助手段。

讲授法也有不足之处。它过于理论化，缺少受训者的参与以及与实际工作环境的密切联系，这些都会阻碍学习和培训成果的转化。讲授法不太能吸引受训者的注意，当然在实训场地结合操作进行讲授，则是一种很好的探索和尝试。

2. 示范指导法

示范指导法是指由培训者作为技能操作者对受训者进行现场演示或示范的教学方法，它需要培训者有较强的实践操作能力和语言表达能力，善于发现受训者技能上的关键问题并进行点拨。这种方法特别适合技能操作的培训，培训者一边示范操作一边讲解动作或操作要领，示范完毕让每个受训者模仿练习，再由培训者对每个受训者的练习给予反馈，因此，示范指导法对技能的培训极其有效。在这类培训前需要准备充分的操作工位，要提供基本满足需要的操作用具。

3. 案例教学法

案例教学法是指通过向受训者提供一个或多个具有典型性的情境或事件，让受训者进行分析和评价，提出解决问题的建议的教学方法。

目前，案例教学法被广泛应用，它生动具体、直观易学，通过对过去发生的事例进行审视，能够吸引受训者参与培训，训练他们分析问题和解决问题的能力，同时也为未来处置类似情况提供解决问题的程序或技巧。

4. 情景模拟法

情景模拟法是指培训者根据培训内容，事先准备和布置培训现场，并设定情景表演的情境、对话内容及评估标准，通过受训者现场的情景模拟活动以及对话效果的及时评估，达到培训预期效果的教学方法。

5. 小组讨论法

小组讨论法是指组织受训者以团队的方式进行学习或讨论，让受训者在小组中互相交流思想、启发思路，共同寻求问题解决方法的一种培训形式。小组讨论往往能起到集思广益的作用，能够突破个人的局限，激发受训者主动学习。

小组讨论法需要小组成员了解讨论的主题、内容及其目标，并形成自由表达的氛围。它能够多向传达信息，开阔思路，取长补短，具有加深理解的作用。但小组讨论法的知识系统性不强，同时需要培训者具有较强的现场掌控能力和分析归纳能力，避免随意讨论，偏离主题及其目标。

五、培训计划的编制

1. 计划编制的意义

对培训需求进行分析之后，就要着手编制培训计划了。培训计划完善与否，对于加强培训过程管理、达成培训目标具有重要意义。

培训计划是按照一定的逻辑顺序排列记录下来的文本，对具体培训目的、培训者、培训对象、培训场地、培训内容、培训方式和培训时间等进行预先系统的设定。只有制订了周密的培训计划，才能避免培训目标出现偏差、培训资源应用不当等问题。

2. 培训计划编制的过程及其内容要素

（1）确定培训目的及对象

培训目的需要从受训者的需求和问题出发，要有针对性。从实践的角度看，目的必须集中、具体，明确培训要改进的具体行为，并且用简洁明了的语句描述出来。

不同的培训目的有不同的适用对象，如培训对象是家长还是保育员，是什么年龄阶段的家长或什么级别的保育员，对不同对象的培训内容、时间期限、培训场地、培训方法以及选用培训师都有不同的要求。

（2）确定培训主题和内容

在分析受训者的专业基础、能力、专业发展需求的基础上，科学确定培训主题和内容，如通过本次培训要解决什么问题，达成什么培训目的。

（3）确定培训时间、场地及培训方式

培训的时间一般分为短期和长期两种，需根据培训对象的需求与能力、培训目的、场地、师资等决定。要根据培训目标、内容以及培训对象的操作需要，确定培训场地以及所需的设施设备，如讲授课通常需要选用能容纳一定人数、比较宽敞的教室，并准备好麦克风、音响、投影仪、黑板（白板）、书写板等设备。不同的培训方式各有优点，需要在实践中灵活运用。

以下是保育员与家长的有效沟通培训计划样例。

【案例 5–2】

保育员与家长的有效沟通培训计划

一、培训名称：保育员与家长有效沟通的方法。

二、培训目的

1. 了解与不同类型家长沟通的方式。

2. 了解与家长沟通的内容。

三、培训负责人：保教主任或保健医生。

四、培训对象：保育员。

五、培训内容

1. 不同类型家长的特点。

2. 与不同类型家长沟通的方式。

3. 不同年龄段婴幼儿的发育指标。

4. 不同年龄段婴幼儿常见行为问题。

5. 婴幼儿常见行为问题的家庭指导方法。

六、培训时间：16 学时。

七、培训场地：会议室或多功能教室。

八、培训方法：讲授法、案例分析法、情景模拟法。

九、考核与反馈：通过学习笔记、小组讨论、模拟考核、书面作业、培训小结等形式进行培训考核，填写培训反馈表。

培训项目 2 工作指导

培训单元 1　家庭保育保健指导

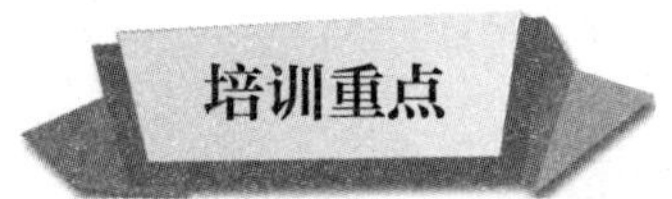

- 了解不同家庭类型的养育特点。
- 掌握个性化指导的原则与要点。
- 能对家长进行保育保健指导、科普讲座。

一、不同家庭类型的养育特点

在婴幼儿早期发展过程中，家庭环境具有重要的作用。环境对婴幼儿发展的影响，首先通过和他们最密切的人际关系而产生，这些关系中包括和父母的亲子关系、和其他照料者的依恋关系。研究发现，家庭教养方式、亲子关系、夫妻关系、家庭类型和子女数目等都会影响婴幼儿的早期发展，这里从不同家庭类型的教养特点与教养行为方面讨论其对婴幼儿早期发展的影响。

1. 父母喂养家庭

父母的教养方式对子女的发展和成长是至关重要的。父母的教养行为可分为 15 种，分别为辱骂、剥夺、惩罚、羞辱、拒绝、过度保护、过分干涉、宽容、情感、行为取向、归罪、鼓励、偏爱同胞、偏爱被试和非特异性行为。

儿童个性与其父母养育方式有密切关系。生活中父母注意加强与子女的沟通，让子女感受到父母的理解与关爱，有助于儿童个性的发展。儿童的神经质与父母的惩罚、过分干涉、拒绝否认、过度保护以及偏爱呈明显的正相关，与父母的情感温暖与理解呈明显的负相关。

2. 隔代带养家庭

隔代养育是指婴幼儿照料与教育由祖辈隔代进行。国际教育成就协会的一项研究表明，家庭与幼儿园相比，家庭对幼儿的兴趣、爱好的影响占 70%～75%，对其认知的影响占 30%～50%。发展心理学认为，在人的生命历程中，早期经验对其身心发展起着关键作用。隔代带养家庭具有以下弊端：

（1）儿童的正常依恋关系难以形成

儿童心理学认为，依恋是婴儿与抚养者之间的一种积极的、充满深情的感情联结，它对形成儿童最初信赖和不信赖的人格特点有着重要影响，而抚养者主要是母亲，母爱是儿童依恋形成和发展的必要条件。但是，有些父母常在孩子不满一周岁时就将其送到祖辈那里，只有在假期才匆匆忙忙看一次。这种情况下儿童的正常依恋难以形成，或形成后又突然中断。英国儿童精神学家保尔及其同事曾研究，过早离开父母而未建立正常依恋关系的儿童，不能主动与其他儿童一起做游戏，不能积极探索未知、勇于冒险，而早期主要依恋的破坏会导致儿童情感上的危险，并将在以后的生活中以突然的抑郁或焦虑形式表现出来。

（2）影响儿童社会适应能力的健康发展

“隔代亲”使多数老人对孙辈非常溺爱，他们更多地采取娇惯、包办代替，甚至偏袒、姑息和纵容的养育方式。祖辈无原则地迁就与越俎代庖，极易造成孩子任性、懒惰、以自我为中心、缺乏团结协作精神等不良人格，长大后或专横跋扈、胆大妄为，或性格孤僻、胆小退缩，这在一定程度上影响男孩子的性别角色定型。调查发现，隔代抚养孙辈的女性老人在城乡分别高达 71.95% 和 73.45%，隔代抚养中男性祖辈的角色弱化使儿童教育处于女性文化状态之中。有些心理学家认为，男孩往往因为得不到同性的教育而影响其“男子气”的发展，他们依赖性强，这在一定程度上影响了男孩子的角色定型。

（3）对儿童健康产生不良影响

许多老人缺乏现代营养学等知识，只给孩子吃鸡鸭鱼肉或零食，而钙、铁、锌、钾等微量元素和维生素摄入很少，由于营养不足、过剩或不平衡，容易罹患贫血、佝偻病、锌缺乏和肥胖症等营养代谢病，严重影响儿童身体健康和心理发育。

隔代养育的孩子其安全和科学防护知识，如紧急自救、安全过马路等知识知之甚少。

3. 特殊家庭：单亲家庭、须康复训练等病患儿家庭

单亲家庭最大的受害者是失去父爱或母爱的子女，家庭变故带来的心理创伤有以下几种表现。

（1）抑郁

有的孩子对失去父亲或母亲感到十分痛苦，很长时间不能自拔，或由于生活动荡及父（母）的不负责任，心灵受到极大伤害，于是经常闷闷不乐，容易悲伤，情绪低落，对同龄儿童父母亲密关系抱有敌意或憎恨等不平衡心理。

（2）易怒

有些单亲家庭的孩子，自己郁闷的心情无处宣泄，于是表现为性情暴躁，遇事易冲动，攻击性比较强，所以会出现打架、骂人、斗殴等行为。出现遇事冲动、不计后果的行为，单亲家庭与正常家庭儿童相比分别高 4%和 16%。

（3）自卑、多疑、嫉妒

单亲家庭经济状况的变化，以及离异父母对子女的互相推诿，家庭中的长期冷战或争吵都是造成子女自卑心理的重要原因。单亲家庭儿童多疑和嫉妒的心理特征比正常家庭的儿童高约 3%。其表现为对别人的议论和许多事情非常敏感，总怀疑别人在议论自己，猜疑别人是不是在说自己的坏话，觉得别人对自己不公平，同时也带来了人际交往的困难。

（4）胆小、孤僻、情绪不稳定

一些家庭在解体过程中或不停地争吵，或长期冷战，孩子在家庭的紧张气氛中战战兢兢地生活；有些单亲家庭的家长对孩子过分溺爱，以弥补情感缺失；有的单亲家庭的家长则对孩子要求过分严格。这些因素都会成为孩子胆小、性格孤僻的重要原因。具体表现为不敢与人交往，不敢说话，不敢回答问题，总是独自躲在一旁，甚至由于过分紧张而话不成句，面红耳赤，浑身出汗。很多单亲家庭儿童的情绪波动比较大，经常出现一些不良的情绪，想摔东西，想离家出走，甚至想自杀等。

单亲家庭儿童由于上述不良心理特征，对于未来认知能力发展、学习成绩提高、人际交往、自我控制能力及良好道德品质形成等均产生重要影响，需要及早干预。

二、家庭保育保健个性化指导

1. 个性化指导的原则

个性是指一个人比较稳定的、具有一定倾向性的各种心理特点及品质的独特组合，其中，心理特点包括思想、情感及行为，品质包括气质、性格与能力等。

个性化指导应秉承辨体施养、因材施教、平等尊重、顺应喂养的基本指导原则。

2. 儿童个性化指导的要点

儿童的个性在2岁以后开始萌芽，3～6岁个性特征开始形成，表现为心理活动整体性的形成、心理活动稳定性的增长、心理活动独特性的发展、心理活动能动积极性的发展四个方面。影响个性形成与发展的因素有生物遗传因素、社会文化因素、学校教育因素、家庭环境因素和早期童年经历，这里主要就家庭环境因素简要分析儿童个性化指导的方法。

（1）父母喂养家庭

采用民主型教养方式，营造平等、尊重、民主、和谐的家庭氛围，父母尊重孩子，给孩子一定的自主权，并给予孩子积极正确的指导，使孩子形成积极的个性品质，如活泼、快乐、直爽、善于交往、容易合作、思想活跃等。避免权威专制型的教养方式。权威专制的家庭养育环境容易养成儿童消极、被动、依赖、服从、懦弱的个性，做事缺乏主动性，甚至会产生对立、自卑、仇视、嫉恨乃至采取攻击报复行为等问题。

（2）隔代带养家庭

针对祖辈带养家庭环境，应规避溺爱、放纵型教养方式，以科学的教育观念作为基本理念，了解溺爱放纵式的教养方式对儿童发展的危害，以理性的教养行为给儿童一个健康、民主、尊重、和谐的家庭养育环境。

（3）特殊家庭

特殊家庭应避免讨好型的教养方式，通过相应的绘本故事等形式让孩子明白或接纳自己的身体或者家庭变化，家庭成员也要以正面积极的心态面对孩子的心理发展，及时地互动回应。

三、沉迷电子产品的儿童的家庭保育

1. 电子产品对儿童发展的不良影响

（1）对身体的危害

主要表现为感觉迟钝，体质和视力下降，电磁辐射导致重复性肌肉损伤和骨骼受损，长时间静坐不运动导致缺乏体育锻炼、肥胖。

易造成性格孤僻，缺乏想象力和创造性，语言及阅读能力被损害，注意力下降，无法集中精神，认知狭隘，学习兴趣及能力受影响。

（2）对亲子关系的影响

用物质替代父母的情感会使儿童成长过程中缺乏对情感的吸收和感知，造成儿童的需求得不到满足时脾气暴躁，不懂得如何和他人相处，不知道如何和同伴交流。电子媒介给儿童创造了一个虚拟的世界，虚拟情境中的规则无法使他们在现实情境中感受得到，儿童身体的存在被抽离，于是，应该形成的常识和同情心也被抽离，不利于形成正确的社会情感认知和规则的建立。

2. 家庭保育方法

（1）多去大自然中

儿童喜欢探索，除了在托幼机构中每天不少于两个小时的室外活动时间外，家长可利用节假日带领孩子多去大自然中，让孩子感受大自然的颜色（用眼睛去看），聆听大自然的声音（用耳朵听），用身体在草地上打滚，去闻花香，去品尝瓜果。他们充满好奇地观察这个世界，世界呈现给他们五彩缤纷、生动灵活。让他们充满期待，快快乐乐地成长为一个身心健康的人。

（2）多做亲子游戏

父母是孩子最好的玩伴，也是对孩子影响最多的启蒙教育者。父母可从不同的角度陪伴孩子。例如，儿童喜欢漂亮的衣服，父母就可以与孩子一起寻找材料给娃娃做不同的衣服。在制作过程中不仅锻炼了孩子的审美能力、设计能力、动手能力，更让孩子感到了参与其中的成就感，增近亲子关系。也可以一起去采摘，让孩子不仅了解不同季节水果、蔬菜的名称、口感，更重要的是让孩子把采摘来的水果、蔬菜亲自动手制作成沙拉等美食，享受自己劳动的成果，增加对生活的认知。家长在语言、动作、社会、认知等不同的领域都可以采用同样的体验式方式让孩子参与其中，不仅发展了儿童的能力，还使其远离电子产品对儿童的影响。

四、育儿科普讲座

1. 讲稿准备

（1）了解受众的基本情况（年龄层次、文化水平、知识结构），确定自己的演讲内容是受众感兴趣的、想知道的。选择受众最关心的知识点，展示受众所不知道的、在育儿过程中普遍感到困惑或不科学的育儿方式的修正方法。

（2）语言必须深入浅出。不要想象受众是具有专业基础知识的专业人士，要以通俗的语言深入浅出地讲述观点。

（3）内容科学、正确、实用，贴近现实、贴近生活、贴近受众。对于有学术争议的内容，应采用主流认知和公认的认知。

（4）讲座过程中选择的媒介、方式要多样化（如演示文档 PPT、视频、游戏、情景剧等），主题明确，注意开头、结尾，使用例证，上升为哲理等。

2. 讲座过程的管控与评估

（1）开场白：提出问题（答或不答）、设置悬念、说一段新闻、拉近关系。

（2）少讲为什么，多讲怎样做。

（3）学会讲故事。

（4）熟练运用口语是讲演者必备的技巧。要用大众的语言、现代的语言，甚至流行的语言。口语虽然听起来比较啰唆，但是只有这样才能减少专业术语的使用。

（5）善于运用幽默。幽默必须有趣或可笑，但如果以讽刺别人而达到发笑的目的，就会令人生厌。

3. 讲座中的注意事项

（1）善于运用肢体语言以便让讲座更有感召力，注意眼神、表情、动作、仪态、服饰和发型，既要避免过于刻板无趣，又不可以轻佻、花哨。

（2）调整呼吸、音量、音调、语速等以便让讲座更具亲和力、吸引力。注意控制语速，不要太快，也不要太慢，更不能从头至尾保持同样的语速，否则无异于催眠。

（3）保持“轻松的姿势”，让自己放松，能给人以自信的感觉；克服视线压力，寻找肯定的眼神，避开否定、消极的目光；控制脸部表情，不可垂头，通过缓慢的语速来稳定情绪。

（4）注意观察受众的反映，随时调整以适应受众的需求。

培训单元 2　保育员指导

➔ 掌握保育员指导的重点内容。

➔ 掌握指导的基本原则、过程和形式。

知识要求

一、保育工作容易出现问题的环节

保育员日常工作中经常出现问题的方面主要有：在卫生管理与教育职业模块中的不同物品的清洁消毒方式、消毒液的选择及配比、清洁消毒的操作流程等，生活管理与教育职业模块中的进餐姿势、盥洗组织、睡眠照护、饮水管理等，健康管理与教育职业模块中的意外伤害急救流程、发育行为观察与判别、特殊婴幼儿的照护，辅助教育活动和家长工作职业模块中的家长沟通与指导等，这也是高级保育员进行工作指导的重点环节。

二、指导原则、形式与技巧

1. 指导原则

（1）科学性原则

指导者必须具有正确的理念与方法，符合婴幼儿身心发展的规律。

（2）针对性原则

指导者在指导的过程中必须抓准问题的本质。因为各项工作特性不同，不同的阶段会有不同的状况出现，指导者要善于透过现象看本质，从根本上解决问题。

（3）有效性原则

工作指导是为了帮助初级、中级保育员解决工作上的难题，由于受教育程度、理解能力等的差异，在指导过程中，指导者要善于灵活运用指导方法，具体明确地指出问题的关键节点，从而促进其积极改善行为。

（4）灵活性原则

指导者要把握时机，即时指导能增加现场的有效性，事后指导可能会缺少现场感。指导者要善于将即时指导和事后指导结合起来，从而有利于把问题了解得更透、剖析得更深。

2. 指导的形式

指导的形式一般包括咨询、操作示范、讲解或讲座等几种，它们常常被综合应用。

（1）咨询

咨询分为专门的咨询活动和一般的提问与回答。前者需要进行组织，一般在大型的活动中安排；后者有较多的形式，如电话咨询、网络咨询等。这类指导形式随意、针对性强，常见的有保健咨询、入托适应专题咨询等。

（2）操作示范

操作示范对操作技能的改善有较强的作用，可以帮助保育员较快掌握正确的操作规范，但对观念和态度的影响有限。常见的有婴幼儿食品制作、早期阅读指导等。

（3）讲解或讲座

讲解或讲座是以思想观念说明、解释为主的指导方式，讲解的对象人数相对较少，讲座的对象人数则比较多。这种形式对行为改善的针对性不强。常见的有多元智能理论在早期教育中的应用、专题家长会等。

3. 指导前工作准备

为了比较全面、清晰地了解被指导者的需求，需要尽可能多地收集相关材料，在收集资料的基础上，结合现状进行分析、归纳或提炼，形成结论，目的是全面把握当前的状况，揭示存在的问题，弄清前因后果，为进一步的研究或决策提供观点和论据。收集资料的方法很多，其中问卷调查法、访谈法和观察法比较常用，后两种尤其适合在日常工作中应用。

（1）问卷调查法

通过书面提问的方式收集资料，然后作定量和定性的研究分析，归纳出调查结论。

（2）访谈法

访谈法又被称为面谈法、采访法，是通过直接交谈的方式来收集相关信息的研究方法。访谈法针对性强，获取信息灵活可靠，便于深入了解人或事件的多种因素，但比较花费人力和时间，调查范围比较窄。访谈可以是个别访谈，即与访谈对象逐个谈话，也可以是集体访谈，即以座谈会的形式开展访谈。还可以是非正式或正式访谈。非正式访谈不必详细设计访谈问题，自由交谈，根据实际情况展开，而正式访谈有预先制订的较完善的计划，按部就班地进行。

封闭式访谈是访谈者根据事先设计好的、有固定结构的问题进行提问，选择访谈对象的标准和方法、所提问题的内容和顺序以及记录方式都是标准化了的，而且访谈者对访谈的走向和步骤起主导作用。

开放式访谈则是访谈者事先没有拟订好固定的访谈问题，访谈形式灵活、有弹性，访谈者只起到辅助作用，鼓励和激发访谈对象发表自己的看法。

半开放式访谈介于两者之间，访谈者虽然对访谈结构有一定控制，但访谈对象能积极主动地参与，访谈者事先拟好访谈提纲，但可根据情况灵活地加以调整，访谈对象易于合作。

（3）观察法

观察法是研究者根据一定的研究目的、研究提纲或观察表，用自己的感官和辅助工具直接观察被研究对象，并通过对信息的比较、分析、汇总等获得资料的一种方法。科学的观察具有目的性和计划性、系统性和可重复性。观察法一般是利用眼睛、耳朵等感觉器官去感知观察对象。由于人的感觉器官具有一定的局限性，观察者可以借助各种现代化的仪器和手段来辅助观察。

4. 工作指导方法

工作指导是指围绕工作目标实现所进行的方法传授、指导、训练、咨询等服务。一般的工作指导方式有集体指导教研法、示范式指导法、TWI–JI 工作指导法等。

（1）集体指导教研法

集体指导教研法是针对普遍存在的问题召集大家集体教研进行指导的方法。一般采用“441”模式，第一个 4 是“4 定”，即定时间、定地点、定内容、定主讲人；第二个 4 是“4 备”，即备岗位作业标准、备教法、备教学手段、备过程；第三个 1 是“1 看”，即跟踪结果，进行跟踪检验，以便得到总结、提高。

（2）示范式指导法

示范指导法是指导者针对某种技能做出正确操作示范，由学习者依照演示步骤进行模仿练习并加以指导。

（3）TWI–JI 工作指导法

TWI 是欧美以及日本等先进国家广泛运用的一线主管技能培训指导体系。JI（job instruction，工作教导）是一线主管（或指导者）运用有效的程序，清楚地教授新员工作业的方法，能使新员工很快掌握正确、完整的工作技能。

TWI–JI 工作指导法的引入对于保育员工作指导有重要的积极作用，如卫生管理、生活管理等工作岗位标准化操作与指导，避免了传统培训指导中经验带人、不按标准操作、需自己领悟、学习者学得太慢、需要很长时间才能成为合格保育员的弊端。

TWI–JI 工作指导法的四步：

1）学习准备。使学习者轻松愉快，告知将做何种工作，了解学习者对这项工作的认识程度，激发学习者学习这项工作的兴趣，进入正确的学习状态。

2）传授工作。将主要步骤通过作业分解表逐步讲给学习者听、做给他看，边做边讲解主要步骤、要点并解释要点的理由（清楚、完整、耐心地指导，不超出学习者的理解范围）。

3）检验成效。安排学习者开始具体工作，指定指导者经常不断地检查，鼓励学习者提出问题，逐步减少指导的次数，通过“工作指导法检查表”检验成效。

4）尝试工作。让学习者试着做，纠正错误，边做边说出主要步骤，边做边说出要点，说明要点的理由，并确认学习者完全掌握。

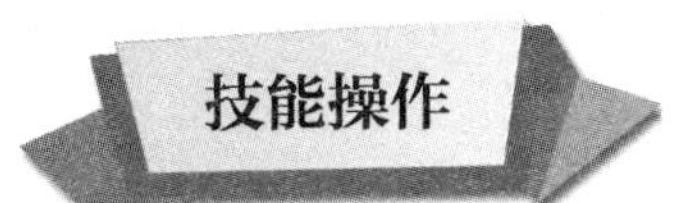

指导设计水杯的清洁作业分解单

一、操作准备

1. 根据初级保育员卫生管理与教育职业模块中水杯的清洁技能点设计作业分解单的结构。

2. 分解作业名、作业物、工具与材料。

二、操作程序

1. 根据水杯的清洁技能点的作业内容写出具体步骤。

2. 根据步骤写出主要操作要点。

3. 根据操作要点指出操作的难易程度、决定成败的因素。

水杯的清洁作业分解单见表 5–3。

三、注意事项

1. 分析水杯的清洁操作过程应注意的事项。

2. 检查与水杯、杯橱相关设备的安全性。

表 5-3　水杯的清洁作业分解表

作业名：水杯的清洁

作业物：水杯

工具与材料：清洁水杯专用抹布、洗洁精、晾杯架、消毒柜、杯橱

主要步骤	操作要点
第一步：保育员准备	穿着专用工作服，戴好帽子、口罩，在流动水下洗净双手
第二步：冲洗	用清水冲洗水杯
第三步：擦洗	用专用抹布借助洗洁精擦洗水杯内外，再用清水冲洗干净
第四步：晾干	将水杯杯口朝下放置在专用晾杯架上
第五步：消毒	将水杯放入消毒柜里消毒
第六步：摆放	使用消毒抹布将杯橱格子擦拭一遍，将消毒过的水杯按学号或名字摆放在杯橱里
第七步：注意事项	水杯消毒后冷却至常温后再放入杯橱，手握杯把，不能把手指放入杯内